মৃত্যু অনুষ্ঠান

THE JOURNEY FROM BIRTH TO DEATH

ত্রিনাথ সাঁই

ISBN 979-888591550-2

আমার মায়ের কাছে

বিষয়বস্তু

অনুক্রমণী

এই বইটি মৃত্যু অনুষ্ঠান থেকে একটি অনুবাদ

ভূমিকা

মানুষের অভিজ্ঞতায় মৃত্যু একটি সর্বব্যাপী এবং অনিবার্য ঘটনা যা এড়ানো বা স্থগিত করা যায় না। মৃত্যু হল কয়েকটি ধারণার মধ্যে একটি যা সাংস্কৃতিক সীমানা বিস্তৃত করে, এটি লিঙ্গ এবং জাতিগতভাবে অজ্ঞেয়বাদী, এবং তাই এটি পরিচালনা করার আমাদের ক্ষমতার বাইরে। মৃত্যু এই অর্থে নিশ্চিত যে এটি প্রত্যেকেরই ঘটবে, তবে কখন বা কীভাবে ঘটবে তা অজানা। মৃত্যুকে জৈবিকভাবে কর্মরত অঙ্গের অবসান হিসাবে সংজ্ঞায়িত করা হয় এবং হৃদস্পন্দন, রক্তচাপ, অন্তঃস্রাবী হরমোনের মাত্রা বা মস্তিষ্কের কার্যকারিতার মতো শারীরবৃত্তীয় ইঙ্গিত দ্বারা সনাক্ত করা যেতে পারে।

মৃত্যুর শারীরিক ইঙ্গিত এবং তাদের সংঘটন মানব আচরণ এবং জ্ঞানের পরিপ্রেক্ষিতে গবেষণা করা হয় যা মনোবিজ্ঞানের বিষয়ে নিজের মৃত্যু বা অন্যের মৃত্যুর দিকে পরিচালিত করে এবং অনুসরণ করে। মৃত্যু এবং মৃত্যু দার্শনিকভাবে প্রতিদ্বন্দ্বিতা করা হয় এবং বিভিন্ন উপায়ে ব্যাখ্যা করা হয়।

প্লেটো, উদাহরণস্বরূপ, বজায় রাখে যে আত্মা অমর এবং দেহের শারীরিক বিনাশের পরেও (আধ্যাত্মিক অর্থে) বিদ্যমান থাকবে। তিনি যোগ করেন যে মানুষের মৃত্যুভয় বোধগম্য, তবে মৃত্যুকে জীবনের চূড়ান্ত পরিণতি হিসাবে বিবেচনা করা উচিত। অন্যদিকে, এপিকিউরাস বলেছেন যে আত্মা নশ্বর এবং মৃতদেহ মারা গেলে উভয়ের মধ্যে একটি বিদ্যমান থাকার কারণে মৃত্যু হয়। তিনি বলেছেন যে মানুষ মৃত্যুর ভয়ে অযৌক্তিক কারণ, একবার মৃত্যু ঘটলে, অভিজ্ঞতা চলে যায় এবং ব্যক্তি অভিজ্ঞতার যন্ত্রণা সনাক্ত করতে অক্ষম হয়।

মৃত্যু ভয় জাগিয়ে তোলে এই ধারণাটি নিঃসন্দেহে সঠিক। এই স্বাভাবিক মানুষের মৃত্যুর ভয় মৃত্যু-সম্পর্কিত মনস্তাত্ত্বিক গবেষণার ভিত্তি হিসেবে কাজ করে। মনোবিজ্ঞান মৃত্যুর বাস্তব অভিজ্ঞতার চেয়ে মৃত্যুর প্রতি মানুষের প্রতিক্রিয়া অধ্যয়ন করে। মনোবৈজ্ঞানিকরা এমন ধারণার মাধ্যমে মৃত্যু তদন্ত করেন যেগুলির উদ্দেশ্য আমাদের নিজেদের মৃত্যু এবং অন্যদের মৃত্যুকে অনুসরণ করে আমাদের আচরণগুলি ব্যাখ্যা করা যাতে উদ্বেগ ও আতঙ্কের কারণ হয় তা আরও ভালভাবে বোঝার জন্য।

এর মধ্যে রয়েছে মরণশীলতা, যা একজন ব্যক্তির স্বীকৃতিকে বোঝায় যে মৃত্যু অনিবার্য। মৃত্যু এড়াতে অসহায় হওয়ার এই সচেতনতা জ্ঞানীয় অসঙ্গতি সৃষ্টি করে যেহেতু মানুষের বেঁচে থাকার একটি অন্তর্নিহিত ইচ্ছা রয়েছে; এটি ভয় ব্যবস্থাপনা তত্ত্ব হিসাবে পরিচিত। এই নীতিগুলি মনস্তাত্ত্বিকদের চিন্তাভাবনা, অনুভূতি এবং আচরণগুলি বুঝতে সক্ষম করে যা মানুষ যখন মৃত্যু নিয়ে চিন্তা করে। মৃত্যুর বিভিন্ন বৈশিষ্ট্য রয়েছে যা মানুষের ধারণা এবং প্রতিক্রিয়াকে প্রভাবিত করতে পারে। বয়স, ন্যায্য বিশ্ব দৃষ্টিভঙ্গি, মানুষের জীবনের মূল্য, পরবর্তী জীবনে বিশ্বাস, প্রস্তুতি এবং মৃত্যুর ট্র্যাজেডি সবই কারণ।

স্বীকার

আমি সবসময় আমার পাশে থাকার জন্য আমার পরিবার এবং বন্ধুদের ধন্যবাদ জানাতে চাই। আমাকে এই বইটি লেখার জন্য অনুপ্রাণিত করার জন্য কল্প, অঙ্কিতা, মোহন, নাইডুকে ধন্যবাদ জানাতে হবে; আপনারা সবাই না থাকলে এটা সম্ভব হতো না।

"মৃত্যু হল সব কিছুর মধ্যে সবচেয়ে ভয়ঙ্কর, কারণ এটিই শেষ, এবং মৃতের জন্য কিছুই ভালো বা খারাপ বলে মনে করা হয় না।"
- এরিস্টটল (Aristotle)

"অমরত্বের জন্য একজনকে মূল্য দিতে হবে; একজনকে জীবিত থাকতে একাধিকবার মরতে হয়।"
-ফ্রেডরিখ নিটসে (FRIEDRICH NIETZSCHE)

1
মরতে বাঁচো

"আমরা নিশ্চিত নই যে আমরা আগামীকালও বেঁচে থাকব।"

এই সত্যটি এমন কিছু যা আপনার প্রতিদিন মনে রাখা উচিত। উদাহরণস্বরূপ, একজন বলিউড অভিনেতা যিনি হেরোইন ব্যবহারের কারণে অতিরিক্ত মাত্রায় মারা গেছেন; সিটবেল্ট না পরা অবস্থায় বা মনোযোগ না দিয়ে অন্যান্য বিপজ্জনক কাজ করার সময় গাড়ির ধাক্কায় অন্য একজন তাদের জীবন হারিয়েছে। যখন আপনাকে বলা হয় যে একজন বন্ধু বা প্রিয়জন মারা গেছে, তখন আবেগপ্রবণ না হওয়া অসম্ভব। তোমার মনে আছে সেই সময়টা যখন তারা ঘুম থেকে জেগে উঠেছিল এবং এমনভাবে জীবনযাপন করেছিল যেন কিছুই হয়নি; আমাদের পৃথিবীতে আজ মৃত্যুর জন্য কোন সতর্কতা সংকেত নেই তাই এই কথোপকথনটি আগের চেয়ে অর্থহীন করে তোলে তবে আমাদের সবাইকে খুব ভালভাবে মনে করিয়ে দেয় - প্রতিটি অনুষ্ঠান উদযাপন করা উচিত কারণ আমরা কখনই জানি না আগামীকাল কী নিয়ে আসতে পারে!

মৃত্যুর চিন্তা সম্পর্কে এমন কিছু রয়েছে যা আপনাকে জীবন সম্পর্কে আরও গভীরভাবে ভাবতে এবং এটির বেঁচে থাকার অর্থ কী। যখন কেউ মারা যায়, তারা প্রায়শই এই পৃথিবী থেকে তাদের প্রস্থান করার সময় আমাদের কিছু মূল্যবান পাঠ শেখায়- হোক তা দয়ার শিক্ষা দিয়ে বা অন্যদের প্রতি করুণা প্রদর্শন করে যারা এখনও তার সমাজের মধ্যে নিজের জন্য একটি উদ্দেশ্য পরিবেশন করে বেঁচে আছে; মানুষ কেন আত্মহত্যা বেছে নেয় (বা অন্তত চেষ্টা করে) তা বিবেচনা করার সময় সত্যিই কোন ভুল উত্তর

হতে পারে না।

বিষণ্ণতায় ভুগছেন এমন লোকদের সাথে কাজ করার সময় আমি যে জিনিসটি সবচেয়ে স্পষ্টভাবে শিখেছি তা হ'ল প্রতিদিনের মুহূর্তগুলি কেড়ে নেওয়া হলে কতটা গুরুত্বপূর্ণ হয়ে উঠতে পারে - হয় আক্ষরিক অর্থে রঙিন বুদ্ধিমত্তা।

আমরা সবাই মারা যাই। এটি জীবনের একটি সত্য যা এড়ানো যায় না, এবং প্রত্যেকের মনে প্রশ্ন থাকে - আপনি মারা যাওয়ার পরে কী হবে? আপনার স্মৃতি কি অন্য রূপে বেঁচে থাকে নাকি সময়ের সাথে সাথে অদৃশ্য হয়ে যায়; এর মানে কি এই যে মানুষ হিসেবে আমাদের কাছে কখনই কোনো উত্তর আসবে না যে আমরা কীভাবে শান্তি ও অর্থ খুঁজে পেতে পারি যখন এত মৌলিক কিছুর উত্তর পাওয়া যায় না (যদি অন্ধভাবে সন্দেহ না করা হয়)? এটি প্রত্যাখ্যানের মতো শোনাতে পারে কারণ বেশিরভাগ লোকেরা এখনও সঠিকভাবে জানেন না যে এই অনুভূতিগুলি কোথা থেকে এসেছে তবে আমি নিজের বিরুদ্ধে তর্ক করব কেন একটি ধারণা থাকা সত্ত্বেও একজনের অস্তিত্বের মধ্য দিয়ে যাত্রার সময় এতদূর ঘটেছিল।

আপনি যখন তরুণ, তখন ভবিষ্যতের কথা চিন্তা করা কঠিন। আপনি জানেন না আপনার জীবন কেমন হবে বা কখন আপনার নিজের জন্য মৃত্যু আসতে পারে- কিন্তু আমরা যত বড় হয়ে উঠি সবকিছু বদলে যায় এবং এখন সেই সময়টিকে আগের চেয়ে অনেক বেশি মূল্যবান মনে হয় কারণ প্রতিটি দিনই পৃথিবীতে আমাদের শেষ হতে পারে। অনেক লোক আছে যারা বিশ্বাস করে যে আগামীকাল সবসময় থাকবে। কিন্তু বাস্তবতা হল, পৃথিবীতে তাদের শেষ দিন কখন আসবে তা কেউ জানে না; তাই পরিবার এবং বন্ধুদের সাথে আপনার সময়গুলি উপভোগ করা ভাল এবং তারা মনে রাখবেন যে এই মুহূর্তগুলি সত্যিই কতটা গুরুত্বপূর্ণ ছিল!

মৃত্যুর মুখোমুখি হওয়ার সময়, অনেকে তাদের অসুস্থতা অস্বীকার করে। তারা এমন কাউকে হারানোর বেদনা এড়াতে বা তাদের জন্য মূল্যবান কিছু - এমনকি যদি এর অর্থ হল একটি স্বল্প আয়ুষ্কাল দীর্ঘায়িত করা যা পিছনে ফেলে আসাদের সাথে আরও বেশি সময় অনুভব করার জন্য এবং আপনার সমস্ত দিন জুড়ে তৈরি স্মৃতির মাধ্যমে প্রশংসা করার জন্য; যখন আপনি দুটি জগতের মধ্যে লড়াই করছেন তখন সবসময় "গ্রহণযোগ্যতা" এর মতো সহজ উত্তর নেই যেমন আমরা সবাই এখানে আমাদের যাত্রার সময় কোনো না কোনো সময়ে আছি। আমি আমার কিছু হতে দেব না!

মানসিক আঘাতের শিকার ব্যক্তি যখন অনুভব করে যে তাদের চাহিদা পূরণ হচ্ছে না, তখন তারা একটি রাগান্বিত পর্যায়ে প্রবেশ করে। তারা জিজ্ঞাসা করতে পারে "কেন নয়?" অথবা অন্যদের প্রতি বিরক্তি বোধ করেন যারা এই প্রক্রিয়া জুড়ে সুস্থ ছিলেন এবং এখন যারা প্রয়োজন তাদের জন্য সহায়তা প্রদান করতে সক্ষম কারণ এটি ঠিক নয়!

ব্যক্তি দুটি ভিন্ন ধরনের পর্যায় অতিক্রম করে যার মধ্যে ক্রোধের মতো আবেগ উদ্ভূত হয়: প্রথমে আছে ত্রাণ এবং পরিকল্পনা - যখন এখনও কোনো সমাধান পাওয়া না গেলেও সবকিছু আবার সম্ভব বলে মনে হয়; তারপর শোক অনুসরণ করে যখন সমস্ত আশা হারিয়ে যায়। দর কষাকষি প্রক্রিয়া হল সময় এবং মূল্যের একটি সূক্ষ্ম ভারসাম্য। ব্যক্তিটি তাকে যা দেওয়া হয়েছে তার চেয়ে বেশি চায়, কিন্তু প্রায়শই অন্য কেউ না দিয়ে তার জীবনের মূল্য খুঁজে পায় না - এই ক্ষেত্রে, ঈশ্বর বা ভাগ্য নিজেই তাকে আরও ভাল কিছু দেওয়ার জন্য দায়ী হবে যদি শুধুমাত্র তিনি এমন দেরীতে সক্ষম হয়েছিল যখন সবাই ইতিমধ্যেই ঘুমিয়েছে (এবং আশা করি বিষয়বস্তু)।

মৃত্যুর নিশ্চিততা হতাশা, বিচ্ছিন্নতা এবং হতাশার দিকে নিয়ে যায় যখন লোকেরা তাদের শেষ দিনের মুখোমুখি হয়। এটি প্রায়ই বলা হয় যে আমরা সত্যিই জানি না যে কেউ একটি সমান অনিশ্চিত অসুস্থতা বা ট্র্যাজেডির দ্বারা বলা না হওয়া পর্যন্ত কতটা সময় বাকি আছে, তবে এই যুক্তিটি কিছু ক্ষেত্রে প্রযোজ্য বলে মনে হয় না কারণ যখন আপনার ক্যান্সারের মতো একটি টার্মিনাল অবস্থা থাকে সর্বদা ঠিক একটি পরিষ্কার মুহূর্ত থাকে না যেখানে সবকিছু পরিবর্তন হয় - যদিও অবশ্যই, কিছু ঘটনা ভয় থেকে শুরু করে গ্রহণযোগ্যতার দিকে সমস্ত উপায়ে অনুভূতির উদ্রেক করতে পারে।

অনুশোচনা প্রক্রিয়ার চূড়ান্ত পর্যায় হল গ্রহণযোগ্যতা। একটি জীবন-হুমকিপূর্ণ অবস্থায় একজন ব্যক্তি স্বীকার করে যে সে মারা যাবে, এবং তাদের ভবিষ্যতের জন্য প্রস্তুত করে যখন মৃত্যু তাদের এই পৃথিবীর বাইরের সমস্যাগুলির প্রতি তাদের আগ্রহ থেকে সরে আসার সময় পর্যন্ত শেষ পর্যন্ত বিদায় জানানোর সময় না হয় যদি তাদের যথেষ্ট সংকল্প না থাকে। হয়ত নিশ্চিত করা যে মারা যাওয়ার আগে সমস্ত ঋণ পরিশোধ করা হয়েছে

এই অনুচ্ছেদটি আলোচনা করে যে কীভাবে কিছু মানুষ বিভিন্ন আবেগের মধ্য দিয়ে যায় যখন মৃত্যুর মতো গুরুত্বপূর্ণ ঘটনার সম্মুখীন হয়; যারা উপলব্ধি করেন যে শেষ সময়ে কী অপেক্ষা করছে তাদের মধ্যে একটি সাধারণ অনুভূতির মধ্যে রয়েছে পদত্যাগ (বা এমনকি স্বস্তি)। তারা

অন্ত্যেষ্টিক্রিয়া ব্যবস্থা এবং দাফনের জন্য তাদের ইচ্ছা ভাগ করতে পারে। এটি প্রায় অকার্যকর যে ব্যথা চলে গেছে বা ভয়ানক কিছু ঘটেছে যা সবকিছু বদলে দিয়েছে কিন্তু আপনি এটি সম্পর্কে কথা বলতে চান না কারণ এখন সবকিছুই চূড়ান্ত মনে হয় - আপনার দীর্ঘ যাত্রা শুরু হওয়ার আগে শেষ

অন্ত্যেষ্টিক্রিয়ার স্থানের প্রস্তুতির মতো বিষয়গুলির উপর চিন্তাভাবনা ভাগ করে নেওয়ার মাধ্যমে ব্যক্তিটি তার জীবদ্দশায় কীভাবে কাজগুলি করতে চায় সে সম্পর্কে তারা যা চায় সে সম্পর্কে যোগাযোগ করতে সক্ষম হওয়া উচিত। শ্মশানের কলশি ইত্যাদি।

কারো কারো কাছে মৃত্যু একটি নিষিদ্ধ বিষয় যা নিয়ে আলোচনা করাও উচিত নয়। তারা তাদের নিজেদের মৃত্যুর কথা ভাবতে অস্বীকার করে এবং পরিবর্তে জীবনযাপনের দিকে মনোনিবেশ করে যেন সবসময় অন্য একটি দিন বাকি থাকে যেখানে তারা এই বিশ্ব তাদের দেওয়া সমস্ত জিনিস উপভোগ করতে পারে।

মৃত্যুর চিন্তা অনেক লোককে আতঙ্কিত করে কারণ এটি একটি ভর্তির পরাজয়ের মতো মনে হয়; সর্বোপরি, আমরা কেবল আজই বেঁচে আছি অনেক ধন্যবাদের কারণে, তাহলে এখন কেন ব্যর্থতা স্বীকার করবেন?

যাইহোক, কিছু লোকের জন্য মারা যাওয়া একটি খুব কঠিন বিষয় যা নিয়ে আলোচনা করা বা চিন্তা করা। তারা প্রত্যাখ্যান করে এবং ভবিষ্যতে তারা কীভাবে মারা যাবে সেই প্রশ্নের সাথে লড়াই করে কারণ এটি খুব বেদনাদায়ক

এই অনুচ্ছেদটি সম্পর্কে কথা বলে কারণ মৃত্যুকে একসময় এমন কিছু হিসাবে বিবেচনা করা হয়েছিল যা সম্পর্কে কথা বলা উচিত নয়; যাইহোক, এখন আমরা বুঝতে পারি যে কেউ মারা গেলে এটি জিনিসগুলিকে আরও খারাপ করে তুলতে পারে।

যেদিন আমি মারা যাব সেই দিনটি আমার জীবনের সবচেয়ে স্মরণীয় হয়ে থাকবে। এটি এমন নয় যে এটি গতকাল বা আগামীকালের মতো অনুভব করবে না, তবে একসাথে অনেক কিছু ঘটছে- প্রিয়জনের সাথে বিচ্ছেদ তাদের একজন; শৈশবের স্মৃতিগুলি তাত্ক্ষণিকভাবে চলে আসার পর থেকে কতটা সময় কেটে গেছে তা উপলব্ধি করা কারণ আপনি এখন পৃথিবীতে আপনার চূড়ান্ত মুহূর্তগুলির মুখোমুখি হচ্ছেন... যখন এটি এমন একজনের সাথে ঘটে যে তাদের চিরন্তন গন্তব্যটি জানে না (যেমন প্রায়শই দরিদ্র মানুষের ক্ষেত্রে হয়)), তারপর কাজ তার অর্থ হারায়। ব্যক্তি চায়

তারা তাদের জীবন উপভোগ করার জন্য আরও বেশি সময় ব্যয় করুক। আমি নিজের জন্য যথেষ্ট সত্য নই এবং তাই তাকে এই পৃথিবীতে অন্যথায় একটি দুর্দান্ত জায়গার সাথে আমার অনুভূতির সাথে আপস করতে হয়েছিল

লোকটি নিজেকে সঠিকভাবে প্রকাশ করতে পারেনি, যা তার মনের মধ্যে যা ছিল তা প্রকাশ করা থেকে নেমে আসার সময় সমস্যা সৃষ্টি করে - আমাদের মধ্যে কতটা জড়িত থাকা উচিত সে সম্পর্কে তাকে থারাপ সিদ্ধান্ত নিতে পরিচালিত করে।"

আমরা সকলেই আমাদের বন্ধুদের এবং প্রিয়জনদের সাথে যোগাযোগ করতে চাই যখন মৃত্যু ঘনিয়ে আসে, কিন্তু আমাদের মধ্যে অনেকেই বিদায় বলতে পারি না কারণ তারা যোগাযোগ হারিয়ে ফেলে। আমি নিজে সুখ চেয়েছিলাম- তাই উদাহরণস্বরূপ ফেসবুক বা টুইটারে আমার প্রাক্তন বন্ধুদের হারানোর পরিবর্তে (যার অর্থ হবে), আমি সিদ্ধান্ত নিলাম যে আমরা যদি একে অপরের থেকে পুরোপুরি দূরে থাকি তবেই সবচেয়ে ভাল!

আমি নিশ্চিত যে এমন কিছু হওয়ার কারণ অবশ্যই আছে; সম্ভবত উভয় পক্ষের মধ্যে কিছু এসেছে যার কারণে তারা আর যোগাযোগ করতে পারেনি? ঘটনা যাই হোক না কেন: শুধুমাত্র একটি পক্ষ যদি অন্য পক্ষের সাথে যোগাযোগ করার চেষ্টা করে তবে অবশেষে সবকিছু আবার জায়গায় পড়ে যাওয়া উচিত।

আমাদের সবারই নিজেদের সুখ করার ক্ষমতা আছে। অনেক লোক পরিবর্তনের ভয় পায় এবং তাদের আরামদায়ক অঞ্চলে থাকবে, তবে এটি এমন একটি সিদ্ধান্ত যা তারা নিজের পক্ষে নিতে পারে কারণ এই ক্ষেত্রে ব্যক্তিগত পছন্দের ক্ষেত্রে কোনও ভুল বা সঠিক উপায় নেই

সুখী হওয়ার পিছনে ধারণাটি কেবল নিজের স্বার্থে কিছু করার চেয়ে অনেক গভীরে যায়; পরিবর্তে, আপনার আনন্দের মাত্রা বাড়ায় এমন পদক্ষেপ নেওয়ার মাধ্যমে নিজেকে প্রথমে রাখা উচিত--এমনকি সামান্য হলেও! কিছু লোকের জন্য, এর মধ্যে টিভি দেখার পরিবর্তে বৃষ্টির দিনে একবার বাইরে যাওয়া অন্তর্ভুক্ত থাকতে পারে যেখানে সবকিছু টোস্টের মতো শুষ্ক মনে হয়...অথবা দীর্ঘ দূরত্বে জগিং করা

আমাদের সকলের একটি নির্দিষ্ট সময় বাকি আছে। সেই নম্বরে কল দিলে কী রেখে যাবে? আপনার শেষ ইচ্ছা কি আশেপাশের লোকেদের মনে রাখতে পারে যে তারা কতটা ভালোবাসে এবং যত্ন করেছিল বা তাদের স্মৃতিগুলি প্রতিটি দিন যেতে পারে এমন কোন কষ্টের দ্বারা পরীক্ষা না করেই বিবর্ণ হতে

পারে কারণ জীবন সত্যিই কখনও কখনও এমন হয় না...কারো জন্য কাঁদে আমাদের নিজেদের মধ্যে এত কম সচেতনতা অবশিষ্ট থাকলে আর বেঁচে থাকাটা মূর্খ মনে হয় না যেন আমাদের কাছ থেকে সবকিছু কেড়ে নেওয়া হয়েছে যদিও কিছু জিনিস এখনও লুকিয়ে থাকতে পারে ভিতরের গভীরে যেখানে অন্ধকার থাকে বাঁক ঘুরে আলোর পাশাপাশি।

যদিও একজন ব্যক্তির মৃত্যু সবসময় কঠিন, এটি বিশেষত কঠিন হতে পারে যখন তারা শুধুমাত্র প্রিয় নয় কিন্তু ভাল বন্ধুও হয়। দুঃখ প্রায়শই মানুষকে প্রাথমিক পর্যায়ে নিয়ে যায় যেখানে গ্রহণযোগ্যতা সময়ের সাথে সাথে আবার নিরাময়ের পথ তৈরি করার আগে প্রত্যাখ্যান এবং অবিশ্বাস প্রধান অনুভূতিতে পরিণত হয়- যদিও অনেকেই তাদের দুঃখকে পুরোপুরি কাটিয়ে উঠতে পারে না যা তাদের কাছের কাউকে হারানোর পরে বছরের পর বছর ধরে ক্রমাগত দুঃখিত করে তুলতে পারে। এটি পরিবারের সদস্য বা প্রেমিকদের সাথে ঘটেছে; তবে আশা আছে!

মৃত্যু সম্পর্কে চিন্তা করা কঠিন, কিন্তু এটি ঘটবে। সাধারণত আপনি যখন বুঝতে পারেন যে আপনার কাছের কেউ মারা গেছে তাদের জীবন আপনার মনে আরও স্পষ্ট এবং কম বিভ্রান্তিকর হয়ে ওঠে কারণ কী ঘটেছে তা নিয়ে অনিশ্চয়তা বা বিভ্রান্তির কোনও অবকাশ ছাড়াই এখন সমস্ত টুকরো একসাথে ফিট হয়ে যায়।

মানুষটি এই পৃথিবী থেকে চিরতরে চলে গেছে তাই স্মৃতি ছাড়া আর অনেক কিছুই বাকি ছিল না- যা প্রথমে কঠিন হতে পারে যে প্রিয় কাউকে হারানোর পর হঠাৎ সবকিছু কেমন অনুভব করতে পারে (বিশেষত যদি তারা সত্যিই প্রভাবিত হয়), তারপর থেকে আবার হয়ত নয় অনেক লোক অন্ত্যেষ্টিক্রিয়ার ভিতরে কফিন রেখে সঠিক কাজ করার মধ্যে আরাম (এবং বন্ধ) খুঁজে পায়।

যখন লাশ দাফন করা হয়, তখন মানুষের পক্ষে তাদের প্রিয়জনদের দেখতে যাওয়া এবং তাদের বয়স কেমন হয়েছে তা দেখতে অসম্ভব হয়ে পড়ে। যা অবশিষ্ট থাকে সবই খোলা মাঠের হাড়, যার চারপাশে আর কিছুই নেই - হৃদয়হীন মাটিতে কেবল শীতলতা আঘাত করে শূন্য মর্যাদা বা সম্মান দেওয়া হয় যখন কারো জীবন এভাবে শেষ হয়; মৃত্যুর এতদিন পরে অন্য কিছু করার আগে আত্মীয়দের দ্বারা অন্তত কিছু সদয় কথা বলা উচিত।

নিকট-মৃত্যুর অভিজ্ঞতাগুলি একজনের ধারণার চেয়ে বেশি সাধারণ বলে জানা গেছে। যারা স্বল্প মৃত্যুর অভিজ্ঞতা পেয়েছেন তারা বলছেন যে

তারা এই পৃথিবী থেকে তাদের সাময়িক প্রস্থান করার সময় সচেতন ছিলেন, কিন্তু এটি সত্যিই ঘটেছে কি না তা যাচাই করার কোন উপায় আমাদের কাছে নেই কারণ বেশিরভাগ কাছাকাছি-মৃত্যু রোগীরা কী ঘটেছিল সে সম্পর্কে কিছুই মনে রাখেন না। অনন্তকাল সঙ্গে তাদের বুরুশ আগে।

একজন মানুষ মারা গেল তার কি হবে? সম্পদ, ক্ষমতা এবং মর্যাদার ফাঁদ অপ্রাসঙ্গিক হয়ে ওঠে। তাদের সম্পত্তি যেমন গাড়ি বা বাড়ি দেওয়া হবে যখন কাজ সম্পূর্ণভাবে ভুলে যাবে যারা তাদের বেঁচে আছে কিছু ক্ষেত্রে এটি অন্য লোকেদের মধ্যে পুনঃবন্টন হতে পারে সেই ব্যক্তির চলে যাওয়ার পর কতটা সময় কেটে গেছে তার উপর নির্ভর করে।

এত গুরুত্বপূর্ণ কাউকে হারানোর পরে প্রিয়জনরা অনেক পরিবর্তনের মধ্য দিয়ে যায় তবে একটি জিনিস ধারাবাহিক থাকে- জীবন চলতে থাকে কারণ আমাদের দুঃখ সত্ত্বেও সবসময় এগিয়ে যেতে হবে।

তারা আবেগের একটি সিরিজের মধ্য দিয়ে যায় যখন তারা বুঝতে শুরু করে যে তাদের ভালবাসা চলে গেছে। সমস্ত সময়, ফটো এবং ভিডিওগুলি তাদের মনে করিয়ে দেয় যে অন্য কেউ এই ব্যক্তিকে কতটা ভালবাসত যে এখন আমেরিকা জুড়ে নির্দিষ্ট কবরস্থানে যা দেখা যায় তা ছাড়া অন্য কোনও আকারে নেই - প্লট যেখানে দুজন মানুষ চিরকাল পাশাপাশি শুয়ে থাকে কেউ না হওয়া পর্যন্ত আবার নিজেদের খুঁজে পায়।

মৃত্যুর পর মানুষের আত্মা বা আত্মার কি হয়? এই প্রশ্নটি বহু শতাব্দী ধরে চিন্তা করা হয়েছে এবং এর অনেক উত্তর রয়েছে। আপনি যদি বৌদ্ধ হন, আমার মায়ের মতো - তিনি স্বর্গে যতটা বিশ্বাস করেন তার চেয়ে বেশি কোনো আত্মায় বিশ্বাস করেন না; কিন্তু যদি এটি খ্রিস্টান হয় তবে সম্ভবত ঈশ্বরের সাথে অনন্ত জীবন তাদের চূড়ান্ত গন্তব্যে তাদের জন্য অপেক্ষা করছে এই পৃথিবীতে এই জীবন যাপন করার সময় তারা কতটা ভালো ছিল তার উপর নির্ভর করে... একজন পিতামাতা দ্বারা বেড়ে উঠেছেন যারা তাকে তাওবাদ সম্পর্কে শিক্ষা দিয়েছিলেন (এশীয় দার্শনিক) ঐতিহ্য), বৌদ্ধধর্ম ভারতীয় চিন্তা প্রক্রিয়ার মাধ্যমে কল্পনা করা হয়েছে যা এতদিন কষ্ট ছাড়া কোন পয়েন্ট দেখতে পায় না। আমরা সবাই মারা যাই। আমরা জানি না মৃত্যুর পরে আত্মার কী হয়, তবে এই পৃথিবীতে কিছু আকর্ষণীয় বিশ্বাস রয়েছে যা এটি ব্যাখ্যা করার চেষ্টা করে - ধর্ম এবং নতুন যুগের দর্শন থেকে!

একটি স্বাস্থ্যকর জীবনধারার নেতৃত্ব দেওয়া গুরুত্বপূর্ণ কারণ এটি আপনাকে ঈশ্বরের দেওয়া জীবনকে উপলব্ধি করতে শেখায়। যদি মৃত্যু এমন

কিছু হয় যা আমরা পরিমিত জীবনযাপন না করে এড়াতে পারি, তবে লোকেরা কখনই শিখবে না যে তাদের জীবন সত্যিই কতটা মূল্যবান- যার মানে তারা অপ্রয়োজনীয় ঝুঁকি নিতে পারে বা সম্পূর্ণভাবে নিজেদের জন্য ইতিবাচক পরিবর্তন করা ছেড়ে দিতে পারে! প্যারাসুট দিয়ে প্লেন থেকে লাফ দেওয়ার মতো আমাদের অসতর্কভাবে বাঁচা উচিত নয়। পাহাড়ে আরোহণ করাও খুব বিপজ্জনক এবং আপনি যদি আপনার স্বাস্থ্যের জন্য সতর্কতা অবলম্বন না করেন তবে মৃত্যু হতে পারে।

যদি আমরা জীবনকে যথেষ্ট মূল্য দিই তবে এটি এমন কিছু হবে যা কোনও ধরণের চরম খেলাধুলা করার আগে বা বন্ধুদের অসুস্থতার মতো সুযোগের সুযোগ নেওয়ার আগে আমাদের মনকে অতিক্রম করে।

জীবন হল মুহূর্তে বেঁচে থাকা এবং খুব বেশি চিন্তা না করা। আপনি আগামীকাল বা এখন থেকে পাঁচ বছর পরে মারা যেতে পারেন কিন্তু ততক্ষণ পর্যন্ত, এটি সহজে নিতে দোষ কি? আমরা চলে যাওয়ার পরে আমাদের পরিকল্পনাগুলি ছেড়ে দেওয়া কঠিন হতে পারে কারণ কে বাস্তবের মতো বিরক্তিকর কিছু চায় যখন সামনে অনেক সম্ভাবনা ছিল - উদাহরণস্বরূপ একজন আন্তর্জাতিক চিয়ারলিডার হওয়ার মতো!

আমি মনে করি একটি জিনিস প্রত্যেকেরই করা উচিত যখন তারা এখনও তাদের শারীরিক শরীর অক্ষত থাকে (এবং বিশেষভাবে পৃথিবীতে), যাতে নিজেকে সম্পূর্ণভাবে সম্ভব অন্বেষণ করা জড়িত: প্রচুর পরিমাণে ওষুধ/থেরাপি অধ্যয়ন করা।

কি সুন্দর সূর্যাস্ত ছিল! প্রথমবার দেখেছিলাম মনে আছে। আপনি কখনই আপনার প্রথম চুম্বন বা কে আপনাকে বাইক চালাতে শিখিয়েছে তা কখনই ভুলে যাবেন না- এগুলি জীবনের সর্বদা বিশেষ মুহূর্ত যা সত্যিই গুরুত্বপূর্ণ কী সে সম্পর্কে আমাদের বিভিন্ন পাঠ শেখায়, তবে বিশেষত মৃত্যু কারণ এটি যতটা ক্লিচ শোনাতে পারে; যখন আমরা চলে যাই - জীবনযাপন শেষ - সেই সাধারণ আনন্দগুলি ছাড়া আর কিছুই অবশিষ্ট থাকে না: সূর্যাস্ত (বা তারা) দেখা, বন্ধু/পরিবারের সাথে গেম খেলা যেমন ক্রেপ টিকেট বনাম সুইজারল্যান্ড চিজ ম্যাপ; রোমান্টিক সম্পর্ক উপভোগ করা যদিও কখনও কখনও এই জিনিসগুলি কাজ করে না।

জীবনের সৌন্দর্য হল অনেক সম্ভাবনা আছে, কিন্তু মৃত্যু আমাদেরকে সত্যিই গুরুত্বপূর্ণ বিষয় নিয়ে ভাবার সুযোগ দেয়। আপনার সময় এবং শক্তি কীভাবে সর্বোত্তমভাবে ব্যয় করতে হয় তা শেখা আপনাকে যে কোনও

পরিস্থিতির মধ্যে সবচেয়ে বেশি করে তুলতে সাহায্য করতে পারে যাতে আপনি চিন্তা না করেই নিজেকে খুঁজে পেতে পারেন যে এটি মনে রাখা মূল্যবান হবে কি না পরে রাস্তার নিচে স্মৃতির দ্বারা

অনেক লোক বিশ্বাস করে যে তাদের সুন্দর বাড়ি এবং অভিনব গাড়ির মতো বস্তুগত জিনিস দরকার যখন আসলে সুখ আসে আরও সাধারণ আনন্দ যেমন ভাল যৌনতা... ইত্যাদির কাছাকাছি ভ্রমণ করা থেকে। যদিও এটি গুরুত্বপূর্ণ কারণ কখনও কখনও এই বিভ্রান্তিগুলি আমাদের ব্যক্তিগত সম্পর্কের মধ্যে সমস্যা সৃষ্টি করে; এটি তাদের তাদের থেকে দূরে নিয়ে যেতে পারে যারা সত্যিকার অর্থে তৈরির বিষয়ে যত্নশীল। জীবনের সবচেয়ে ভাল জিনিস বিনামূল্যে। কিন্তু একটি ধরা আছে - তারা সংযুক্ত স্ট্রিং সঙ্গে আসা! উদাহরণস্বরূপ, পরিবার এবং বন্ধুরা দুর্দান্ত যদি আপনি এমন কাউকে নিঃশর্তভাবে ভালোবাসতে চান যিনি আপনার মঙ্গল সম্পর্কে গভীরভাবে চিন্তা করেন কিন্তু জানলেন যে ভয় বা উদ্বেগের কারণে মানুষ হিসাবে আমাদের জন্য কখনও কখনও নিজেকে অন্যদের থেকে দূরে রাখা কতটা কঠিন ; যখন সময় কঠিন মনে হয় তখন অবসর যন্ত্রগুলি কিছু খুব প্রয়োজনীয় সান্ত্বনা প্রদান করতে পারে কারণ সঙ্গীত বাজানো আমাদের মনকে শান্ত করতে সাহায্য করে এবং এন্ডোরফিন মুক্ত করে যা সারা শরীর জুড়ে ইতিবাচক অনুভূতি দেয় (এবং যে কোনও কাজকে সহজ করতে সহায়তা করে)। স্বাস্থ্যের ক্ষেত্রে অন্যান্য সম্ভাব্য ফলাফলের তুলনায় এই সুবিধাগুলি ছোট মনে হতে পারে।

প্রজ্ঞা আমাদের বর্তমান মুহূর্তে বুদ্ধিমানের সাথে বাঁচতে শেখায়। মননশীলতা মানে আমাদের ইন্দ্রিয় সম্পর্কে সচেতন হওয়া - জীবিত অবস্থায় আমরা যা দেখি, শুনি এবং অনুভব করি; এটি স্মৃতির সমুদ্রে বা আগামীকালের জন্য ভবিষ্যতের পরিকল্পনায় চিন্তাহীনভাবে হারিয়ে যাওয়া নয় যা কখনও সত্য নাও হতে পারে।" একটি ভাল ভবিষ্যতের জন্য কামনা করা আমাদের এই মুহূর্তে বেঁচে থাকার গুরুত্বকে ভুলে যেতে পারে। আমরা অনুভব করতে না পেরে কেবল অনুশোচনা করব অনেক দেরি হয়ে গেলে আমাদের কাছে যা ছিল না, তাহলে কেন সময় নষ্ট করবেন? জ্ঞানী পরামর্শ অনুসরণ করে এবং এখনই ভাল সিদ্ধান্ত নেওয়ার মাধ্যমে আপনি নিশ্চিত যে সম্ভাব্য সমস্যাগুলির জন্য আপনার উদ্বেগ বা হারানো সুযোগগুলির জন্য অনুশোচনা আপনার মনকে আর জর্জরিত করবে না

- কারণ কোন ঘর বাকি নেই!

আমরা সবাই জানি যখন আমরা সোফায় বসে টিভি দেখছি এবং আমাদের শিশু আমাদের জীবন সম্পর্কে প্রশ্ন জিজ্ঞাসা করতে শুরু করে, যেমন "এই শব্দের অর্থ কী?" বা "কেন কিছু লোক ধনী হয় যখন অন্যরা হয় না?" এবং যদিও আপনি এখনই সম্পূর্ণ স্পষ্টতার সাথে তাদের প্রশ্নের উত্তর দিতে সক্ষম নাও হতে পারেন কারণ কাজের সময়সীমা আপনার প্রতিদিনের থাকার জায়গা দখল করে; যদি সেই জিনিসগুলো কাল সকালে একটা দীর্ঘ রাতের ঘুমের পর ঘটে থাকে যেখানে প্রতিটি সেকেন্ড গণনা করা হয়-- যেখানে সমস্যা থাকা সত্ত্বেও সবকিছু ঠিকঠাক হয়ে গেছে। আজকে কি তাহলে কম মূল্যবান মনে হবে? অবশ্যই না!

সুখের পৌরাণিক কাহিনীগুলি ঠিক তাই, তবে একটু মননশীলতা এবং আপনার আশীর্বাদের উপর নজর রাখলে আপনি জীবনে সত্যিকারের আনন্দ পেতে পারেন। উদাহরণ স্বরূপ, একজনের স্বাস্থ্যই আমাদের জন্য সময় দেয় এমন জিনিসগুলি উপভোগ করার জন্য একেবারে চাবিকাঠি!

আমি এমন অনেক লোককে দেখেছি যাদের জীবনযাত্রার মান ভাল ছিল না কারণ তারা তাদের নিয়ন্ত্রণের বাইরের অন্যান্য বিষয় নিয়ে উদ্বিগ্ন বা ঝামেলায় ব্যস্ত ছিল যেমন সেভিংস অ্যাকাউন্টে টাকা আসা (যা সত্যিই সম্ভব নয়)।

আপনি কি হিসাবে মনে রাখা চান? বেশীরভাগ মানুষ একটি "সচ্ছল" ব্যক্তি হিসাবে দেখায় অভিপ্রায় বলে মনে হয়. তারা আশা করে যে তাদের প্রিয়জন এবং সহকর্মীরা তাদের সম্পর্কে বলার জন্য ভাল জিনিস থাকবে, এমনকি যদি এটি শুধুমাত্র একটি জিনিসের জন্য হয় যা তারা জীবনে করেছিল! এটাকেই আমাদের সমাজ মহান বলে মনে করে: টাকা দিয়ে সুখ কেনা যায় না কিন্তু অন্ততপক্ষে তখন আমরা খুব একটা খারাপ বোধ করব না যখন অন্য কারো কাছে সম্পদের সমস্ত ভাগ্য থাকে কারণ প্রত্যেকেরই কোনো না কোনো চিকিৎসার যোগ্য – তাই না?!

আরও কয়েকজন বরং পিছনে কোন চিহ্ন রেখে যাবে না; পরিবর্তে একটি বেনামে ব্যক্তিগত বিদায় চয়ন করুন যেখানে পড়ার আগে কেউ জানে না যে এই শব্দগুলির নীচে কে বাস করছিল। মৃত্যুই চূড়ান্ত সমানকারী। আপনি আগে কে ছিলেন তা বিবেচ্য নয়, মৃত্যুর পরে আমাদের সমস্ত অতীত জীবন আমাদেরকে কোনো না কোনোভাবে উত্থাপন করে- তা সে সম্পদই হোক না কেন রাজনৈতিক অস্থিরতার কারণে একসময় ক্ষমতা চিরতরে চলে গিয়েছিল; স্ট্যাটাস সিম্বল যার মূল্য সময়ের সাথে হারিয়ে গেছে কারণ

লোকেরা আর মনে রাখে না যে তারা কীভাবে তাদের ভাগ্য তৈরি করেছে ইত্যাদি... এখানে পাঠটি কেবল সুন্দর কিছু রেখে যাওয়া নয় বরং যথেষ্ট উদার হওয়াও যাতে অন্যরা আপনার উদাহরণ থেকে শিখতে পারে!

যখন কেউ মারা যায়, আমি দুঃখ পাই এবং তাদের মৃত্যুর কথা ভাবি। তারা কি পরকালে কষ্ট পেয়েছে? তারা চলে গেছে এখন তাদের জন্য সেখানে কি শান্ত? এটি আমার কাছেও কী বোঝায়- মৃতের পরে তাদের জীবন আবার ফিরে আসে বা অনুরূপ কিছু যেখানে আমরা সবাই আমাদের জীবন যাপন করতে থাকব না জেনেই আমাদের কিছু পরিবর্তন হবে কিনা তা না জেনেই...মৃত্যুর ভয়ে পরবর্তী যা হতে পারে তার থেকে কোন উত্তর আসছে না; এমনকি আশা করতে পারে না। আমি জীবনের অযৌক্তিকতা এবং আমরা কীভাবে অল্প সময়ের জন্য জন্মগ্রহণ করেছি সে সম্পর্কে ভাবতে পছন্দ করি।

এই ধারণা সম্পর্কে তাই পুঁজিবাদীদের কিছু আছে - সেখানে কিছু অর্থ মরতে হবে!

পশ্চিমা সমাজ কাজ এবং সাফল্য অর্জনে আচ্ছন্ন। আমরা নিজেদের জন্য সময় নিতে অবহেলা করি, মৃত্যু সম্পর্কে চিন্তা করি যা আমরা বুঝতে পারি তার চেয়ে তাড়াতাড়ি আসবে যদি শুধুমাত্র আমাদের জীবন অস্তিত্বের বিশালতার বিপরীতে এত ক্ষণস্থায়ী।

আমাদের সকলের উচিত প্রতিটি মুহূর্তকে প্রশংসা করা শুরু করা উচিত কারণ এটি আসে প্রতিদিনের মধ্যে দিয়ে বেঁচে থাকার পরিবর্তে বিস্ময়কর কিছুর প্রত্যাশা করে কিন্তু কখনই এটি খুঁজে না পাওয়ায় একই সাথে সুখ বা পরিপূর্ণতার প্রতি যা কিছু হোক না কেন নিজেদেরকে অস্বীকার করা! আমরা সবাই আমাদের জীবনকে অর্থপূর্ণভাবে বাঁচতে চাই, কিন্তু এটা সবসময় সম্ভব হয় না। কেউ যদি বিশ্বাস করে যে তারা একদিন মারা যাবে, তাহলে তাদের অগ্রাধিকার কি হবে? কিছু লোক আরামদায়ক জীবনের জন্য প্রয়োজনীয় বস্তুগত জিনিসপত্র এবং আরাম-আয়েশই চায় না - যারা সম্পদ বা ক্ষমতার উপাসনা করে তাদের কাছ থেকে অতিরিক্ত; এগুলোর প্রত্যেকটি কখনোই চিরকাল স্থায়ী হতে পারে না, তাহলে কেন এই পৃথিবীতে এমন কিছু করবেন যেন আপনি আশা করেন যে কোনো সময় শীঘ্রই বন্ধ হয়ে যাবে!?

যখন আমি বুঝতে পেরেছিলাম যে মৃত্যু জীবনের একটি অংশ, এবং বড় হওয়া কখনই সত্য পরিবর্তন করবে না। আমাদের মনের সাথে এই পৃথিবীতে ভালভাবে বেঁচে থাকার অর্থ কী সে সম্পর্কে এটি আমার দৃষ্টিভঙ্গি পরিবর্তন

করেছে- কীভাবে আমাদের প্রতিটি মুহূর্তকে মূল্যবান করা উচিত কারণ তারা আগামীকাল চলে যেতে পারে

বৌদ্ধধর্ম অধ্যয়ন থেকে সচেতনতা যে আমাদের জীবন সত্যিই কতটা সংক্ষিপ্ত তা আমাকে আগের চেয়ে আরও গভীরভাবে ভাবতে বাধ্য করে কেন লোকেরা ক্যারিয়ার বা প্রেমময় অংশীদার ইত্যাদি পূরণ করার জন্য এত বেশি প্রচেষ্টা করে, যখন কোনও একক জিনিস চিরকাল আনন্দ আনতে পারে এমন কোনও গ্যারান্টি নেই... এবং অবশেষে একটি উত্তর পেয়েছি: এটা শুধু জুতা নয়; তারাও হতাশার বিরুদ্ধে বীমা পলিসি! বর্তমান মুহূর্তে ফোকাস করে, আমি বিজ্ঞতার সাথে বাঁচতে এবং আমার জীবনের অর্থ দেওয়ার চেষ্টা করি। যখন এটি এমন কিছুর জন্য সময় বা শক্তিতে নেমে আসে যা সম্ভাব্যভাবে উপকারী হতে পারে কিন্তু এখনও প্রয়োজনীয় নয় - যেমন একটি কার্যকলাপ যেখানে আপনি ইতিমধ্যেই বিনিয়োগ করেছেন - আমি চেষ্টা করি যে কোনো কিছু আমাকে আটকাতে দেবে না! দেখে মনে হচ্ছে কোনো কিছুই আমাকে একবারের জন্য যা সঠিক মনে হয় তা করা থেকে বাধা দিতে পারে না - এমনকি যদি এটি ঝুঁকিপূর্ণ হয় বা সমাজের দ্বারা সমর্থিত না হয় (বা কোনো প্রদত্ত প্রতিষ্ঠান)।

প্রতিটি মুহূর্ত সত্যিই কতটা মূল্যবান সে সম্পর্কে এই নতুন দৃষ্টিভঙ্গি প্রত্যেকেরই সম্মান করা উচিত যারা পরিবর্তন চান কারণ এই সিদ্ধান্তগুলি কেবল আপনাকে প্রভাবিত করবে না; তারা আপনার পরবর্তী প্রজন্মকেও প্রভাবিত করবে।

এখন আমি এটা নিয়ে ভাবি, বিশেষ করে যখন আমি কারো মৃত্যুর খবর পাই। প্রতিদিন, আমি আমার অনেক আশীর্বাদ, বিশেষ করে আমার সুস্বাস্থ্যের জন্য ঈশ্বরকে ধন্যবাদ জানাই। আমার সৃজনশীলতা, সুস্বাস্থ্য, বন্ধুত্ব, আধ্যাত্মিকতা ইত্যাদি প্রকাশ করার সময়, আমি গুরুত্বপূর্ণ বিষয়গুলিতেও মনোনিবেশ করি। আমি চেষ্টা করব কোন সময় নষ্ট না করতে।

আমি নিশ্চিত নই যে একটি পরকাল আছে কিনা। আমি তাই আশা করি, কিন্তু আমি নিশ্চিত নই। এই জীবনে আমি সবচেয়ে রহস্যময় প্রশ্নগুলির মধ্যে একটি হল মৃত্যুর বাইরের জীবন সম্পর্কে। তদ্ব্যতীত, যখন আমি মারা যাই, আমি এই প্রশ্নের উত্তর দিতে অক্ষম হব, বিশেষ করে যদি মৃত্যুর ফলে চেতনা, শূন্যতা এবং অস্তিত্ব নষ্ট হয়।

2
আশার জট

আমাদের জীবন অনেক দুঃখ এবং দুঃখে ভরা। কিছু লোক অন্যদের তুলনায় মানব অবস্থার এই বিপর্যয়কর দিকগুলির দ্বারা বেশি প্রভাবিত হয়। তবে, আশাবাদের সাথে, সমস্যাগুলি জয় করা যায়। যখন আপনার বস আপনাকে তার অফিসে নিয়ে আসে এবং আপনি একটি প্রকল্পে দীর্ঘ ঘন্টা কাজ করার পরে শুক্রবার সন্ধ্যায় আপনাকে বসিয়ে দেন, তখন আশা আমাদের দুর্ভাগ্য, সম্ভবত অপ্রত্যাশিত চাকরি হারানোর দ্বারা আনা যন্ত্রণা এবং হতাশার মুখোমুখি হওয়ার শক্তি সরবরাহ করে। "আপনাকে বহিষ্কার করা হয়েছে।"

এটি সম্ভবত বিবাহের একটি অপ্রত্যাশিত উপসংহার ছিল। আপনি যখন ভালোবাসতে চান, আপনার স্ত্রী বিছানায় কাঁদছেন। "আমি আর তোমার সাথে থাকতে পারব না," সে ফিসফিস করে বলল তোমার মুখোমুখি হয়ে।

সম্ভবত একটি অপ্রত্যাশিত গাড়ি দুর্ঘটনা: একজন ব্যক্তি তাড়াহুড়ো করে, তার স্মার্টফোনে টেক্সট পাঠাচ্ছেন, আপনার নতুন নীল মুস্তাং-এ তার ডেলিভারি ট্রাক্‌টি ভেঙে ফেলেছেন, যা আপনি পাঁচ বছর ধরে সংরক্ষণ করেছিলেন, এবং এখন এটিকে ট্রাক করে স্ক্র্যাপ ইয়ার্ডে নিয়ে গেছেন।

আমরা জানি না কীভাবে, কখন, কোথায় বা কেন আমাদের জীবনের আখ্যান শেষ হবে, আশা আমাদের জীবনের প্রতিবন্ধকতা সত্ত্বেও, ধৈর্য ধরে, অন্ধকারে এগিয়ে যেতে অনুপ্রাণিত করে।

মনোবিজ্ঞানীদের মতে, আশা তিনটি উপাদান নিয়ে গঠিত: বিশ্বাস, উদ্দেশ্য এবং ভ্রমণ। যে ব্যক্তি আশাবাদী সে বিশ্বাস করে যে সে সফল হবে। দ্বিতীয়ত, ব্যক্তির মনে একটি স্পষ্ট লক্ষ্য দিক বা গন্তব্য রয়েছে। তৃতীয়ত,

ব্যক্তি সেই পদ্ধতি বা পদ্ধতি সম্পর্কে সচেতন যার মাধ্যমে সে কাঙ্খিত ফলাফল অর্জন করবে। সুতরাং, আশা হল একটি মনোভাব, একটি ইচ্ছা এবং বিশ্বাস করার ইচ্ছা যে আপনি অতিক্রম করবেন। আশা আপনাকে পছন্দসই ফলাফল অর্জনের জন্য একটি রাস্তা পরিকল্পনা প্রদান করে।

"আশা শুরু হয় অন্ধকারে, অনড় আশা, এবং সকাল আসে যদি আপনি তাকান যদি আপনি সঠিক জিনিসটি করার চেষ্টা করেন।"

"আবার চেষ্টা করুন," আশা সবসময় মানসিকতাকে বলে।

এক মুহূর্তের জন্য বিবেচনা করুন যে আপনি আর্লের কর্ম-চালিত জগতে স্থানান্তরিত হয়েছেন। সবচেয়ে উল্লেখযোগ্যভাবে, আপনি অসহায় এবং বিষণ্ণ বোধ করবেন। আপনার মন হতাশার মধ্যে নেমে আসে এবং আপনি আত্মহত্যার কথা ভাবছেন। যখন একটি প্রেমের সম্পর্ক শেষ হয়, আপনি বিশ্বাস করেন যে ভবিষ্যতে আপনার জন্য কেউ থাকবে না। আপনি যদি আপনার চাকরি হারান, তাহলে আপনি ভয় পেতে পারেন যে আপনি আর কখনও খুঁজে পাবেন না। আপনি যখন অসুস্থ হন, আপনি বিশ্বাস করতে পারেন যে আপনি কখনই নিরাময় করতে পারবেন না। যদি আপনার একটি মারাত্মক অসুস্থতা থাকে, আপনি নিজেকে বোঝান যে আপনি মারা গেলে কোন কিছুই থাকবে না, কোন অস্তিত্ব থাকবে না। আপনি অস্তিত্বগত ক্ষোভের সম্মুখীন হচ্ছেন।

আশার সুবিধা কি? আশা সব ধরনের প্রতিকূলতা ও দুঃখের প্রতিষেধক। আশা আমাদের মর্মান্তিক পরিস্থিতি মোকাবেলা করতে সক্ষম করে যেমন একজন বয়স্ক পিতামাতা হাসপাতালের বিছানায় মারা যাচ্ছেন। যখন আমাদের জীবন কঠিন পরিস্থিতি বা দুঃখজনক অভিজ্ঞতায় পরিপূর্ণ হয়, তখন আশা আমাদের সহ্য করতে উৎসাহিত করে। একটি টেলিভিশন, একটি আইপ্যাড, একটি নতুন জোড়া নীল জিন্স, এবং খাবার সহ একটি রেফ্রিজারেটরের মতো জীবনের কিছু আরাম পূরণের জন্য বিল পরিশোধ এবং অর্থ কেনার জন্য একটি নতুন চাকরির ধারণা বেকারদের কাজের সন্ধানে অনুপ্রাণিত করেছিল।

আশা একজন অসুস্থ ব্যক্তির পুনরুদ্ধারে সহায়তা করে এবং নিরাময়ের জন্য তাদের শক্তিতে সবকিছু করতে অনুপ্রাণিত করে। "আপনি পুনরুদ্ধার করবেন," এটি তাদের আশ্বাস দেয়।

আশা মৃত্যুকে সান্ত্বনা দেয় এবং অজানাকে মোকাবেলা করার শক্তি জোগায়। এটা বিড়বিড় করে, "মৃত্যুর পরে জীবন আছে।" এটি এমন

ব্যক্তিদের সান্ত্বনা প্রদান করে যারা প্রিয়জনের ক্ষতির জন্য শোকাহত এবং তাদের শোকের পাঁচটি স্তরের মধ্য দিয়ে অগ্রসর হতে দেয়, অবশেষে স্বীকার করে কিন্তু কখনও ভুলে যায় না।

বিশ্বাস একটি উপহার হিসাবে আশা দ্বারা দেওয়া হয়. এটি একজন ব্যক্তির বিশ্বাস করার আকাঙ্ক্ষা জাগিয়ে তোলে, তাকে ধর্মগ্রন্থ পড়তে, প্রার্থনা এবং ধ্যানে অংশগ্রহণ করতে, জীবনের রহস্য নিয়ে চিন্তা করতে এবং উত্তর খোঁজার জন্য চালিত করে। আশা আমাদের নৈতিক জীবনযাপন, সহানুভূতিশীল এবং প্রেমময় হতে অনুপ্রাণিত করে।

আশা হল একটি আধ্যাত্মিক অনুশীলন যা আমাদের একটি "আধ্যাত্মিক" সংবেদন প্রদান করে যা আমাদের বিস্ময়, বিস্ময় এবং আনন্দ অনুভব করতে দেয়। আমরা প্রকৃতিকে অতিক্রম করতে পারি, এর সৌন্দর্য লক্ষ্য করতে পারি, শান্তিতে থাকতে পারি, অন্যকে সম্মান করতে পারি, বুদ্ধিমত্তার সাথে জীবনযাপন করতে পারি এবং আমাদের আশা থাকলে অজানা, অযোগ্যদের উপর বিশ্বাস রাখতে পারি। কঠিন সময়ে, আশা হল আশাবাদের একটি অপরিহার্য উপাদান, যা আমাদের শেখায় "সর্বোত্তম সুযোগের উপর বাঁচতে"। অসহায়ত্ব, অস্তিত্ববাদ এবং শূন্যবাদের জন্য আধ্যাত্মিক সহায়তা হিসাবে, আশা একটি ওষুধ।

ইতিবাচক মনোবিজ্ঞানীরা যারা সুখের বিজ্ঞান নিয়ে গবেষণা করেছেন তারা বিশ্বাস করেন যে আশা হল স্বাক্ষর শক্তি, মানসিক শান্তি, তৃপ্তি এবং জীবন সন্তুষ্টি যা আমাদের মঙ্গলকে উন্নত করে।

জীবন, কারো জন্য, আশার সমাধি। অন্যরা সুযোগগুলিকে সেইগুলি হিসাবে সংজ্ঞায়িত করে যা একজন ব্যক্তিকে কাঙ্ক্ষিত উদ্দেশ্য অর্জন করতে, প্রতিকূলতা কাটিয়ে উঠতে, চেষ্টা চালিয়ে যেতে এবং সাফল্যের সামান্য প্রতিকূলতার মুখোমুখি হতে উৎসাহিত করে। যারা আশাবাদী তাদের মধ্যে কি মিল আছে?

শুরু করার জন্য, একজন আশাবাদী ব্যক্তি মনে করেন যে জীবন কাজ করবে, তারা সমস্যার সমাধান করবে, রোগকে জয় করবে বা হতাশা বা শোক থেকে পুনরুদ্ধার করবে। কিভাবে এই আশাবাদী মানসিকতার উত্থান? শুরু করার জন্য, একজন আশাবাদী ব্যক্তি ইতিবাচক "স্ব-কথোপকথনে" নিযুক্ত হন। যখন নেতিবাচক চিন্তাভাবনা কারও মনে প্রবেশ করে তখন একটি চাপপূর্ণ পরিস্থিতি বা প্রতিকূলতার মুখোমুখি হলে, আশাবাদী ব্যক্তি নিজেকে বলবেন, "এটি কাজ করে। আমি জয় ও সফল হওয়ার একটি পদ্ধতি

খুঁজে পাব।

দ্বিতীয়ত, এমনকি প্রতিকূলতার মধ্যেও, আশাবাদী ব্যক্তি একটি ইতিবাচক ফলাফলের কল্পনা করে। উদাহরণস্বরূপ, যখন একজন ব্যক্তি অসুস্থ হয়ে পড়ে, তখন সে বিশ্বাস করে যে সে আবার নিরাপদ। কাজ না করলে, কর্মচারীকে কোম্পানির দ্বারা আবার নিয়োগ করা হবে বলে আশা করা হয়। যখন একজন ব্যক্তি একা থাকে, তখন সে আত্মার সঙ্গী খুঁজে পাওয়ার কল্পনা করে।

তৃতীয়ত, যখন পরিস্থিতি বিষাক্ত হয়, যেমন একজন ব্যক্তি যখন অস্থায়ীভাবে অসুস্থ হয়, তখন মৃত ব্যক্তি ভয়ঙ্কর অবস্থার ইতিবাচক অংশগুলিতে ফোকাস করে। ব্যক্তি তার ভাগ্য গ্রহণ করে তবুও তার জীবনের ইতিবাচক দিকগুলিতে ফোকাস করতে বেছে নেয়। উদাহরণস্বরূপ, একজন মৃত্যুবরণকারী ব্যক্তি বর্তমান সময়ে জীবনযাপন করা, তাদের বিষয়গুলিকে সুবিন্যস্ত করা, প্রিয়জনের সাথে সময় কাটানো এবং লক্ষ্য অর্জনকে অগ্রাধিকার দিতে পারে।

চতুর্থত, একজন আশাবাদী মানুষ বর্তমানের মধ্যে বাস করে। ভবিষ্যৎ নিয়ে উদ্বিগ্ন হওয়ার পরিবর্তে, ব্যক্তি আগামীকালকে বাস্তবে পরিণত করার জন্য আজ কী করতে পারে তার উপর মনোনিবেশ করে। শুক্রবার বাড়িতে একা বসে থাকা একজন একাকী ব্যক্তি, উদাহরণস্বরূপ, একটি অনলাইন ডেটিং পরিষেবাতে একক নাচে বা অন্য একাকী লোকেদের সাথে চ্যাট করে তাদের একাকীত্ব এবং জ্বালা মোকাবেলা করতে পারে।

অবশেষে, আশাবাদী মানুষ একটি নির্দিষ্ট বিশ্বাসের চেতনায় সমৃদ্ধ হয়। আধ্যাত্মিক ব্যক্তি হতে পারে একজন অজ্ঞেয়বাদী যিনি কোনো ধর্মের সাথে সম্পৃক্ত নন কিন্তু ঈশ্বর এবং পরকালে বিশ্বাস করেন। আধ্যাত্মিক ব্যক্তি ঋষিদের সমস্ত আধ্যাত্মিক জ্ঞান থেকে উপকৃত হতে পারেন। আধ্যাত্মিক ব্যক্তি বৌদ্ধ ধর্মের দর্শনে বিশ্বাস করতে পারেন, যার মধ্যে রয়েছে পুনর্জন্মের ধারণা। অন্যদিকে একজন বিশ্বাসী ব্যক্তি হলেন একজন খ্রিস্টান যিনি গির্জায় যান, বাইবেল অধ্যয়ন করেন এবং আশার জন্য প্রার্থনা করেন। এই লোকেদের প্রত্যেকেই স্ব-আশ্বস্ত, যা আশ্বস্ত। এটা বিশ্বাস করার ইচ্ছা যা তাদের প্রশ্নের উত্তর দেয় এবং তাদের সন্দেহ দূর করে, তাদের জীবন অন্ধকারে আলোর জন্য আশা করতে অনুপ্রাণিত করে।

আশা একটি ইচ্ছাপূর্ণ ধারণা বা একটি জাদু চিন্তা নয়. আশা হল একটি আবেগ, একটি মানসিকতা, একটি বিশ্বাস এবং অনুপ্রেরণা যা ব্যর্থতা এবং

বাধা, চ্যালেঞ্জ এবং বিপর্যয় এবং আপনার জীবনের গল্পের অজানা চূড়ান্ত অধ্যায় সত্ত্বেও, আপনি বিশ্বাস করেন যে আপনি মারা গেলে আপনার জীবন কাজ করবে। শ্বাস নিন, এর বাইরে আরও একটি মহাবিশ্ব আছে।

যখন আপনার যথেষ্ট আশা থাকে, আপনি অসাধারণ কীর্তি করতে পারেন। ক্রিস্টোফার রিভস, একজন প্রাক্তন আমেরিকান অভিনেতা যিনি তার ঘোড়া থেকে নিক্ষিপ্ত হওয়ার পরে পক্ষাঘাতগ্রস্ত হয়েছিলেন, চতুমুখী হয়েছিলেন এবং তারপরে একটি হইলচেয়ারে সীমাবদ্ধ ছিলেন, ভেন্টিলেটরের মাধ্যমে শ্বাস নেওয়ার সময় তাকে বহু বছর বেঁচে থাকতে হয়েছিল এবং বলেছিলেন, "আপনি একবার আশা বেছে নিলে, যে কোনও কিছু। সম্ভব."

3
বিশ্বাস

"সুখ হল জীবনের অর্থ এবং উদ্দেশ্য, সমগ্র উদ্দেশ্য এবং মানুষের অস্তিত্বের সমাপ্তি।" - এরিস্টটল

অনেক বিশিষ্ট দার্শনিক এই প্রশ্নের উত্তর দেওয়ার চেষ্টা করেছেন, "কিসের কারণে মানুষ সুখী হয়?" বিশ্ব ধর্ম, যেমন খ্রিস্টধর্ম, কীভাবে বিশ্বাস, ঈশ্বরে বিশ্বাস, ধর্মগ্রন্থ পাঠ, নৈতিক নিয়ম মেনে চলা এবং ধর্মীয় মতবাদ আরোপ করে সুখী, পরিতৃপ্ত জীবনযাপন করা যায় তা ব্যাখ্যা করার চেষ্টা করেছে।

বৌদ্ধধর্মের আদর্শ তার অনুগামীদের শেখায় কিভাবে একটি শান্ত এবং আনন্দময় জীবনযাপন করতে হয়, যা অবশেষে "পরিত্রাণের" দিকে নিয়ে যাবে। দালি লামার সবচেয়ে বেশি বিক্রি হওয়া বই, দ্য আর্ট অফ হ্যাপিনেস, আপনি জীবনের মধ্য দিয়ে যাওয়ার সাথে সাথে কীভাবে সুখ আবিষ্কার করবেন তা নিয়ে আলোচনা করে। এটি সব একটি বৌদ্ধ ধর্মান্তর সঙ্গে শুরু হয়.

ইতিবাচক মনোবিজ্ঞান, যা উপভোগের বিজ্ঞানের উপর দৃষ্টি নিবদ্ধ করে, সাম্প্রতিক বছরগুলিতে মনোবিজ্ঞানে গবেষণার একটি নতুন বিষয় হিসাবে আবির্ভূত হয়েছে। এই ক্ষেত্রে উল্লেখযোগ্য গবেষণা করা হয়েছে, এবং ফলস্বরূপ অনেক অসামান্য বই তৈরি করা হয়েছে। মার্টিন সেলিগম্যান, একজন সুপরিচিত মনোবিজ্ঞানী, "প্রমাণিক সুখ" এবং "লার্নড অপটিমিজম" নামে দুটি সুপরিচিত বই লিখেছেন, যা দেখায় কিভাবে আমরা জীবনে আমাদের সুখের মাত্রা বাড়াতে পারি।

তাই, আমরা নিজেদের সুখী করতে কি করতে পারি? এবং আমরা যদি ইতিমধ্যেই খুশি থাকি তবে কীভাবে আমরা নিজেদেরকে খুশি করতে পারি? এই অধ্যায়ে, আমি সুখী হওয়ার অর্থ কী তা ব্যাখ্যা করব। আমি এও আলোচনা করব যে কোন বিষয়গুলো আমাদের সুখের মাত্রাকে প্রভাবিত করে। সেলিগম্যান যেমন পরামর্শ দিয়েছেন, আমি সুখের তিনটি পথও বর্ণনা করব। এবং আমি আটটি জিনিসের রূপরেখা দেব যা আপনি আপনার জীবনে আপনার সুখ বাড়াতে করতে পারেন।

সুখ আসলে কি? আপনি যখন সুখের সংজ্ঞা দিতে বিভিন্ন লোককে জিজ্ঞাসা করেন, আপনি বিভিন্ন উত্তর পাবেন। বেশিরভাগ লোকেরই কোন ধারণা নেই যে তাদের কী সুখী করে। তারা স্বয়ংক্রিয়তার অবস্থায় আছে, স্বয়ংক্রিয় পাইলট চালু আছে। তারা কখনই বিবেচনা করে না কী তাদের খুশি করে। তারা কখনই তাদের জীবনের অর্থ এবং উদ্দেশ্য নিয়ে চিন্তা করে না। তারা জীবনের আনন্দ উপভোগ করে না, সামাজিকভাবে যুক্ত নয় এবং তাদের জীবনের কোন গভীর তাৎপর্য নেই।

অনেক ইতিবাচক মনোবিজ্ঞানী দ্বারা সুখকে "বিষয়ভিত্তিক-সুস্থতা" হিসাবে চিহ্নিত করা হয়েছে। ব্যক্তিরা সুখকে একটি বিষয়গত অবস্থা হিসাবে সংজ্ঞায়িত করে। এটা ব্যক্তিগত পছন্দের ব্যাপার। আমরা যখন খুশি থাকি, যেমন স্নেহ, আনন্দ এবং কৃতজ্ঞতার মতো আনন্দদায়ক এবং ভাল আবেগ যা আমরা অনুভব করি তার মধ্যে রয়েছে। প্রকৃত সুখ, অনেক ইতিবাচক মনোবিজ্ঞানীর মতে, নিছক একটি ভাল মানসিক অবস্থার চেয়েও বেশি কিছু। বিষয়গত সুস্থতার একটি জ্ঞানীয় বা মানসিক উপাদানও রয়েছে। একজন সুখী ব্যক্তি তার অস্তিত্বের সাথে সন্তুষ্ট। একজন সুখী ব্যক্তি এমন একটি জীবন যাপন করেন যার অর্থ এবং উদ্দেশ্য রয়েছে। এবং সন্তুষ্ট ব্যক্তি বিশ্বাস করে যে সে সঠিকভাবে জীবনযাপন করছে। এটি "জীবন সন্তুষ্টি" হিসাবে উল্লেখ করা হয়।

সুতরাং, সত্যিকারের সুখ হল একটি বিষয়গত অবস্থা যেখানে একজন ব্যক্তি সন্তুষ্টি বা কৃতজ্ঞতার মতো ইতিবাচক আবেগ অনুভব করে, সেইসাথে একটি জ্ঞানীয় অবস্থা যেখানে ব্যক্তি বিশ্বাস করে যে সে একটি অর্থপূর্ণ এবং উদ্দেশ্যপূর্ণ অস্তিত্ব যাপন করছে।

আমরা বিভিন্ন পরিস্থিতি এবং ঘটনার কারণে খুশি, যেমন প্রেমে পড়া, পদোন্নতি পাওয়া বা কর্মক্ষেত্রে বৃদ্ধি, একটি উত্তেজনাপূর্ণ ক্রিকেট ম্যাচ দেখা, সমুদ্র সৈকতে হাঁটা বা লটারি জেতা।

একজন ব্যক্তির মঙ্গল আংশিকভাবে তার বাহ্যিক পরিবেশ দ্বারা প্রভাবিত হয়। যারা কাজ করে এবং কিছু আর্থিক জিনিসপত্র আছে তারা সেতুর নিচে বসবাসকারী নিঃস্ব লোকদের চেয়ে বেশি সুখী। যারা ক্যান্সার বা অন্যান্য অসুস্থতায় অসুস্থ তাদের তুলনায় যারা সুস্থ তারা বেশি সুখী। যাইহোক, একজন ব্যক্তির মঙ্গলও প্রভাবিত হয় কিভাবে সে তার জীবন পরিস্থিতি সম্পর্কে চিন্তা করে এবং অনুভব করে। কিছু লোক, উদাহরণস্বরূপ, দারিদ্র্যের মধ্যে সুখী জীবনযাপন করে। কিছু লোক সুস্থ ব্যক্তিদের চেয়ে বেশি সুখী যারা ভয়ানক অসুস্থতা বা ব্যাধিতে আক্রান্ত। কেন এই ক্ষেত্রে? কোন বিষয়গুলো আমাদের সুখের মাত্রাকে প্রভাবিত করে? ইতিবাচক মনোবিজ্ঞানীরা অধ্যয়ন করেন যে কোন উপাদানগুলি মানুষের সুখে অবদান রাখে। "হ্যাপিনেস সেট পয়েন্ট" ধারণাটি তাদের দ্বারা বিকশিত হয়েছিল। এটি বলে যে তিনটি ভেরিয়েবল একজন ব্যক্তির সুখকে প্রভাবিত করে: আমাদের সুখের 50% জিনগতভাবে নির্ধারিত হয়; 10% সামাজিক কারণ দ্বারা প্রভাবিত হয় যেমন সামাজিক এবং অর্থনৈতিক পরিস্থিতির সাথে সংযুক্ত হওয়ার অনুভূতি যেমন একটি জীবিকা নির্বাহ করা, এবং 40% নির্ধারণ করা হয় আমরা কীভাবে নিজেদের এবং আমাদের জীবন সম্পর্কে চিন্তা করি এবং অনুভব করি।

তত্ত্ব অনুসারে, আমরা জিনগতভাবে পূর্বনির্ধারিত আনন্দের একটি পূর্বনির্ধারিত পরিমাণে আকৃষ্ট হই। ফলস্বরূপ, বিভিন্ন কারণে, কিছু মানুষ অন্যদের চেয়ে সুখী হতে ইচ্ছুক। সম্ভবত ব্যক্তিটি বহির্মুখী হয়ে জন্মেছিল বা তার আরও উৎসাহী দৃষ্টিভঙ্গি রয়েছে। সম্ভবত ব্যক্তিটি গিটার বাজাতে, গান গাওয়া, লিখতে এবং সৃজনশীলভাবে চিন্তা করতে শেখার শৈল্পিক ক্ষমতা দিয়ে প্রতিভাধর হয়।

যাইহোক, হ্যাপিনেস সেট-পয়েন্ট তত্ত্ব ইঙ্গিত দেয় যে আমরা যখন সুখী হওয়ার সিদ্ধান্ত নিই, তখন আমরা আমাদের সুখের মাত্রা পরিবর্তন করতে পারি, এটিকে উন্নত করতে পারি, এটিকে উন্নত করতে পারি, আমাদের জীবনকে সুখী হওয়ার জন্য সামঞ্জস্য করতে পারি এবং সুখের মাত্রা বাড়ানোর দায়িত্ব নিতে পারি। আমাদের দৈনন্দিন অস্তিত্বে।

সুখের জন্য তিনটি দৃষ্টিভঙ্গি, একজন সুপরিচিত মনোবিজ্ঞানী মার্টিন সেলিগম্যান তার বই "প্রমাণিক সুখ"-এ সুখের তিনটি পথ সংজ্ঞায়িত করেছেন: একটি আনন্দময় জীবন, একটি ব্যস্ত জীবন এবং অর্থপূর্ণ জীবন। তিনি দাবি করেন যে সুখী মানুষের জীবন আছে যা আনন্দ, জড়িত এবং অর্থে

পূর্ণ।

কোন সন্দেহ নেই যে আমরা জীবনের আনন্দের মাধ্যমে সুখ পেতে পারি, যেমন একটি নতুন অটোমোবাইল বা একটি বড় বাড়ি কেনা, নতুন পোশাক কেনা বা ম্যাসেজ করা, গ্রীষ্মের ছুটিতে কটেজে যাওয়া, বা কোনও দূর বিদেশী দেশে ভ্রমণ। যে ব্যক্তি একটি আনন্দদায়ক অস্তিত্ব যাপন করে সে খাদ্য, যৌনতা, রক মিউজিক, ড্রাগস, অ্যালকোহল, রোলার কোস্টার রাইড এবং গরম স্নানের মতো সংবেদনশীল আনন্দ পছন্দ করে। সুখের পথ হিসাবে উপভোগ প্রায়শই একজন হেডোনিস্টের সাথে যুক্ত থাকে, এমন একজন ব্যক্তি যিনি "বেদনা এড়িয়ে সুখের সন্ধান করুন" এই নীতির দ্বারা জীবনযাপন করেন। এই ধরনের ব্যক্তি তাদের ক্রিয়াকলাপের দীর্ঘমেয়াদী প্রভাবকে উপেক্ষা করে, প্রায়শই বোকামি করে বর্তমান মুহূর্ত উপভোগ করতে ব্যস্ত থাকে। এই ধরনের ব্যক্তি প্রায়শই একটি হেডোনিক ট্রেডমিলে ধরা পড়ে।

লোকেরা যখন দ্রুত তৃপ্তি এবং আনন্দের মাধ্যমে সুখ খোঁজে, তখন তারা প্রায়শই ট্রেডমিলের ইঁদুরের মতো হয়ে যায়, সর্বদা একটি উত্তেজনাপূর্ণ সম্পর্ক অনুসরণ করে, কর্মক্ষেত্রে একটি বিশাল বেতন, একটি বিদেশী গন্তব্যে উড়ে যায়, একটি বড় গাড়ি কেনা, বা তাদের অবসর সময়ের চরম রোমাঞ্চ। . এটা গাঁজা ধূমপানের অনুরূপ। তারা ক্রমাগত নতুনত্ব এবং রোমাঞ্চ-সন্ধান পরিপ্রেক্ষিতে উন্নয়নশীল হয়. কিছু সময়ের জন্য, এই ব্যক্তিরা নতুন ব্যক্তির ফলে নতুন বিষয়বস্তু, নতুন কার্যকলাপ বা নতুন আনন্দের সংস্পর্শে আসে। সুখ অবশ্য ক্ষণস্থায়ী। এই "আবেগজনিত উষ্ণ" সময়ের সাথে সাথে বিলীন হয়ে যায়, যেমনটি সুখের অনুভূতি করে। সুতরাং, আপনি যদি হেডোনিক আনন্দের মাধ্যমে সুখী হতে চান তবে আপনার উচিত হেডোনিক ট্রেডমিলে একটি নতুন ধরণের আনন্দ খোঁজা এবং অনুসরণ করা। এই ধরনের ব্যক্তি কখনই সন্তুষ্ট, আনন্দিত বা সন্তুষ্ট হবে না।

সেলিগম্যানের মতে হেডোনিক আনন্দ ক্ষণস্থায়ী। এটা চিরকাল সহ্য হবে না. ফলস্বরূপ, ব্যক্তিকে অবশ্যই সুখ সংরক্ষণের কৌশল খুঁজে বের করতে হবে। পরিস্থিতির সুবিধা নিন। আপনার আনন্দ দেখান. উপলক্ষ মনে রাখবেন। অন্যদের সাথে আপনার আনন্দ ভাগ করুন। মনোযোগ দিন এবং আপনার বোধগম্যতা বাড়ান। এটির একটি মানসিক ছবি তৈরি করুন।

আপনার এনকাউন্টারের প্রেক্ষাপট মনে রাখুন। আপনার মনোযোগ বর্তমান মুহূর্তে রাখুন। এখানে এবং এখন মনোনিবেশ করুন. ধ্যান আপনাকে

আরও সচেতন হতে সাহায্য করতে পারে।

আপনার আনন্দ শুদ্ধ করুন। এটি সুখের উপর অভ্যাসের নেতিবাচক প্রভাবকে প্রতিরোধ করে। এটিকে অন্যভাবে বলতে গেলে, প্রতিদিনের ভিত্তিতে সুখের জন্য চেষ্টা করুন। প্রতি সপ্তাহে, আপনি একটি বই পড়া, হাঁটা বা যৌন মিলনের মতো আনন্দদায়ক কাজ আবিষ্কার করতে পারেন।

সেলিগম্যান, একজন মনোবিজ্ঞানী, সুখের দ্বিতীয় স্তরের সংজ্ঞা দিয়েছেন। তিনি এটিকে "এনগেজমেন্ট লাইফ" বলে উল্লেখ করেছেন। যখন একজন ব্যক্তি এই পথটি গ্রহণ করেন, তখন তাকে বলা হয় কঠিন এবং জীবনের অনেক ক্ষেত্রে জড়িত। কাজ বোধগম্য। একজন ব্যক্তি, বন্ধুদের একটি ঘনিষ্ঠ দলের মত, অনেক সামাজিক সমর্থন আছে. ব্যক্তির উল্লেখযোগ্য অন্যের সাথে প্রেমের সম্পর্ক রয়েছে। একজন ব্যক্তি এবং একটি নির্দিষ্ট বিশ্বাস, ধর্ম, ঈশ্বরে বিশ্বাস বা সর্বোচ্চ শক্তির মধ্যে একটি আধ্যাত্মিক সংযোগ বিদ্যমান।

ব্যক্তি অবসর ক্রিয়াকলাপে নিমগ্ন থাকে, যার ফলে একটি প্রবাহের অবস্থা, সময়হীনতার অনুভূতি হয় যেখানে ব্যক্তি অবসর ক্রিয়াকলাপে নিযুক্ত থাকে, সময়ের সমস্ত বোধ হারিয়ে ফেলে। পড়া, লেখা, কৌতূহলী কথোপকথনে অংশগ্রহণ করা, ফটোগ্রাফ তোলা, একটি বাদ্যযন্ত্র বাজাতে শেখা, বা টেনিস বা ক্রিকেটের মতো খেলাধুলায় খেলা হল অবসর ক্রিয়াকলাপের উদাহরণ যা "প্রবাহ" অভিজ্ঞতার ফলে।

যখন একজন ব্যক্তি সুখের জন্য এই পথ অনুসরণ করে, তখন সে নিজেকে বা নিজেকে অতিক্রম করতে সক্ষম হবে। অন্যের মঙ্গল এবং তাদের চারপাশের বিশ্বের যত্ন নেওয়ার পাশাপাশি একজন ব্যক্তির নিজের জন্য সতর্ক থাকার ক্ষমতা রয়েছে। ব্যক্তি সহানুভূতিশীল এবং যত্নশীল। ব্যক্তি প্রায়শই কল্যাণ কামনা করে, বা সর্বোচ্চ মঙ্গল কামনা করে। ব্যক্তিরা তাদের সমাজ, সম্প্রদায় বা বিশ্বের সামাজিক সমস্যাগুলি কাটিয়ে উঠতে চেষ্টা করে। ব্যক্তিটি তাদের ব্যক্তিগত চাহিদা এবং চাপের চেয়ে বড় কারণের জন্য নিবেদিত।

কিভাবে একজন অর্থপূর্ণ জীবন খুঁজে পায়? ব্যক্তিটি প্রায়শই স্বেচ্ছাসেবী কাজ, শিক্ষাদান এবং পরামর্শের সাথে জড়িত থাকে। ব্যক্তি প্রায়শই একজন স্বেচ্ছাসেবক, যারা কম ভাগ্যবান, মৌলিক খাদ্য, আশ্রয় এবং পোশাকের প্রয়োজন তাদের সহায়তা করে।

সেলিগম্যানের মতে, সবচেয়ে সুখী মানুষ তারাই যারা আনন্দদায়ক, ব্যস্ত এবং অর্থবহ অস্তিত্ব রয়েছে।

কখনও কখনও আমার একটি দৃঢ় অনুভূতি হয় যে আমি একটি নিহিলিস্টিক, অস্তিত্বহীন পরিস্থিতিতে বাস করছি না, জীবনের কোনও বাহ্যিক তাৎপর্য, সুখ, ভবিষ্যতের আশা, উদ্দেশ্য বা অর্থ নেই। এই গভীর অর্থটি আমার কাছে স্পষ্ট হয়ে ওঠে যখন আমি আমার নিজের ব্যক্তিগত চাহিদা এবং আকাঙ্ক্ষা, সেইসাথে অপরিচিত, বন্ধু বা পরিবারের সদস্যের চাহিদা বা সমস্যা সম্পর্কে আমার নিজের ব্যক্তিগত উদ্বেগগুলি কাটিয়ে উঠি। একটি সম্প্রদায়ের সদস্য। আমি আবিষ্কার করেছি যে আমি যখন অন্যদের সাহায্য করি, তখন আমি অর্থ এবং উদ্দেশ্যের একটি বৃহত্তর অনুভূতি অনুভব করি যেন আমি কিছু সৎকর্ম করছি। যখন আমি অন্যদের সমস্যা এবং উদ্বেগের প্রতি সহানুভূতিশীল এবং সহানুভূতিশীল, তখন আমি সত্যিই আনন্দিত বোধ করি এবং যেন আমি আমার জীবনে খুব মূল্যবান এবং উদ্দেশ্যমূলক কিছু করছি।

আপনি অন্য জিনিসগুলির মধ্যে একটি চাকরি, একটি বেতন চেক বা ভাল এবং রোগমুক্ত হতে খুশি হতে পারেন।

এলোমেলো সদয় আচরণ, যেমন একজন অপরিচিত ব্যক্তির দিকে হাসে, দরজা খোলা রেখে, এবং আপনার পকেটের টাকা থেকে কিছু রাস্তায় গৃহহীন ব্যক্তিকে দেওয়া, অনুশীলন করা উচিত।

জীবনের ক্ষণস্থায়ী আনন্দ এবং আনন্দ উপভোগ করুন। অন্য কথায়, জীবনের হাইওয়েতে ভ্রমণ করার সময় অটোপাইলট চালু করে আপনার জীবন নষ্ট করবেন না। সুন্দর ঘ্রাণ শ্বাস নেওয়ার পরিবর্তে, অত্যাশ্চর্য প্রভাতে নিন। একটি উৎসাহী চুম্বন উপভোগ করুন, হাত ধরুন এবং একটি দুর্দান্ত বন্ধুর সাথে একটি উত্তেজক কথোপকথনে নিযুক্ত হন। অধিকাংশ মানুষ বর্তমান মুহূর্তে বাস. বর্তমান মুহূর্তে বেঁচে থাকুন।

মানুষকে ক্ষমা করার ক্ষমতা অর্জন করুন। গবেষণা অনুসারে, আমাদের উগ্র চিন্তাভাবনা এবং অনুভূতি থেকে মুক্তি পেতে অন্য ব্যক্তির উপর রাগ করার জন্য বেশি শক্তি লাগে। গবেষণা অনুসারে, যখন আমরা লোকেদের ক্ষমা করি, তখন আমরা সান্ত্বনা এবং মানসিক শান্তি অনুভব করি, যা সন্তুষ্টির দিকে পরিচালিত করে।

যখন আমরা অন্যদের প্রতি রাগান্বিত হই, তখন আমাদের রাগ প্রায়ই আমাদের গ্রাস করে। এটা মানসিক যন্ত্রণার জন্ম দেয়। আমরা ঘুমাতে পারি

না কারণ আমরা প্রতিহিংসার আবেশে আচ্ছন্ন। যখন আমরা অন্যদের ক্ষমা করি, তখন আমরা আমাদের রাগ ছেড়ে দেই এবং এগিয়ে যাই, আমাদেরকে জীবনের এমন জিনিসগুলিতে আমাদের মনোযোগ এবং শক্তি ফোকাস করতে দেয় যা আমাদের আনন্দ দেয়।

বন্ধু এবং পরিবারের প্রতি সময় এবং মনোযোগ ব্যয় করুন এবং উল্লেখযোগ্য অন্যদের সাথে ভাল সম্পর্ক বজায় রাখুন। গবেষণা অনুসারে, সুখী ব্যক্তিদের অন্যদের সাথে উল্লেখযোগ্য সামাজিক যোগাযোগ রয়েছে। যখন আমাদের দৃঢ়, বিশ্বস্ত, সমর্থনকারী বন্ধুত্ব থাকে, যখন আমাদের ঘনিষ্ঠ পারিবারিক সম্পর্ক থাকে, যখন আমরা আত্মার সাথীর সাথে ঘনিষ্ঠ বা থাকতে পারি এবং যখন অন্য ব্যক্তির সাথে আমাদের অন্তরঙ্গ, উষ্ণ, ভাল সম্পর্ক থাকে, তখন আমরা নিজের কাছাকাছি থাকি - বাস্তবায়ন।

আপনার মন এবং আপনার শরীর উভয়ের যত্ন নিন। গবেষণা অনুসারে, আরও শক্তি থাকা আপনার জীবনে একটি পার্থক্য আনতে পারে, আপনাকে আরও ক্রিয়াকলাপ উপভোগ করতে দেয়, যেমন ফিটনেস বা খেলাধুলা বা সামাজিকতা। গবেষণা অনুসারে, আপনি যখন সক্রিয় থাকেন, তখন আপনার আত্মসম্মান বেড়ে যায়। নিয়মিত ব্যায়াম, অধ্যয়ন অনুসারে, এন্ডোরফিন তৈরি করে, একটি হরমোন যা আপনাকে ভাল বোধ করতে সাহায্য করে এবং শরীরের শিথিলকরণ প্রতিক্রিয়া বাড়ায়, আপনাকে আরও স্বাচ্ছন্দ্য বোধ করে। পর্যাপ্ত বিশ্রাম এবং ঘুম পেলে আপনি আপনার মন এবং শরীরের যত্ন নিতে পারেন। আপনি অতিরিক্ত খাওয়া, অত্যধিক অ্যালকোহল পান না করে বা খুব বেশি গাঁজা ধূমপান না করে সংযম প্রদর্শন করতে পারেন। প্রতিদিন, আপনি কিছু শান্তি এবং শান্ত খুঁজে পেতে পারেন. আপনি শান্ত এবং বিশ্রাম নিতে কিছু সময় নিতে পারেন। আপনি অর্থপূর্ণ কবিতা, সাহিত্য বা আপনার আগ্রহের অন্য কিছু পড়ে আপনার আত্মাকে উত্তোলন করতে পারেন। আপনি শান্তি এবং প্রশান্তি অর্জনের সাথে সাথে আপনার শরীর এবং মনকে শিথিল করার জন্য ধ্যান করতে পারেন ।

স্ট্রেস এবং প্রতিকূলতা মোকাবেলার জন্য মোকাবিলা করার কৌশল তৈরি করুন। আপনি একটি ক্লাব, একটি সমিতি, বা একটি সামাজিক সহায়তা গোষ্ঠীর সদস্য হতে পারেন। বৃষ্টির দিনের জন্য টাকা আলাদা করে রাখতে পারেন। আপনি একটি সম্ভাব্য বিপর্যয় বা বিপত্তির জন্য প্রস্তুত করতে পারেন। আপনি একটি ব্যাকআপ কৌশল তৈরি করতে পারেন। আপনি আপনার জন্য সঠিক জীবন দর্শন খুঁজে পেতে পারেন, যেমন বৌদ্ধধর্ম।

আপনি ঈশ্বরের প্রতি বিশ্বাস এবং আস্থা খুঁজে পেতে এবং গির্জা যোগদান করতে পারেন. আপনি হয় ইতিবাচক স্ব-কথোপকথন নিয়োগ করতে শিখতে পারেন বা জ্ঞানীয়-আচরণগত থেরাপির সাথে যুক্ত অন্যান্য মোকাবিলা দক্ষতা ব্যবহার করে পরিস্থিতি মোকাবেলা করতে শিখতে পারেন। স্ট্রেস, অসুবিধা এবং সমস্যাগুলি মোকাবেলা করার জন্য আপনি যে উপায়গুলি নিয়োগ করেন তা সীমাহীন। আপনি তাদের ট্র্যাক ডাউন আবশ্যক.

কৃতজ্ঞতা বিভিন্ন উপায়ে প্রকাশ করা যেতে পারে। কেউ ভালো কিছু করলে আপনি "ধন্যবাদ" বলতে পারেন। একজন বন্ধুকে একটি কার্ড বা উপহার পাঠিয়ে, বিয়ারের জন্য বাইরে নিয়ে গিয়ে এবং তাদের শুভ জন্মদিনের শুভেচ্ছা জানিয়ে তার জন্মদিন মনে রাখবেন। কারো কাছে টাকা পাওনা থাকলে তা ফেরত দাও। আপনি যদি এমন কিছু দেখেন যা আপনাকে খুশি, প্রফুল্ল বা কৃতজ্ঞ করে, তবে কেন আপনি এটি পছন্দ করেন তা ব্যক্তিকে বলুন এবং আপনার কৃতজ্ঞতা দেখান। আপনি যদি কাউকে না বলেন যে আপনি তাদের ভালবাসেন, তারা ধরে নেবে আপনি তা করেন না। আপনি প্রিয়জনের অপ্রত্যাশিত ক্ষতির দ্বারা যন্ত্রণা পেতে চান না, তাই আপনি তাদের প্রতি কৃতজ্ঞতা প্রকাশ করবেন না। আপনাকে সাড়া দেওয়ার জন্য কৌশল তৈরি করতে হবে। বিনিময়ে কিছু আশা না করে আপনার কৃতজ্ঞতা প্রকাশ করার উপায়গুলিও আপনার আবিষ্কার করা উচিত।

সুখ একটি ব্যক্তিগত সিদ্ধান্ত যা আমাদের প্রত্যেককে নিজেদের জন্য নিতে হবে। একবার আপনি সুখী হতে সংকল্পবদ্ধ হয়ে গেলে, আপনাকে অবশ্যই সেই সুখ খুঁজে বের করতে হবে যা আপনার জন্য সেরা। আপনাকে অবশ্যই নির্ধারণ করতে হবে কোন ধরণের মানুষ, ক্রিয়াকলাপ, আনন্দ এবং ইচ্ছা আপনাকে খুশি করে। তারপরে আপনাকে অবশ্যই আপনার জীবনকে রূপান্তরিত করার জন্য পদক্ষেপ নিতে হবে এবং আনন্দকে স্বাগত জানাতে হবে।

সুখী হওয়ার জন্য, আপনাকে অবশ্যই আনন্দ, আনন্দ, কৃতজ্ঞতা, অন্তরঙ্গতা এবং আরও অনেক কিছু প্রচার করে এমন ক্রিয়াকলাপগুলিতে জড়িত হয়ে আরও ইতিবাচক অনুভূতি গড়ে তুলতে হবে।

আপনাকে অবশ্যই জীবনের "সঠিক" সিদ্ধান্ত নিতে হবে। আপনাকে অবশ্যই আপনার ইচ্ছামত জীবনযাপন করতে হবে, যার মধ্যে একটি উল্লেখযোগ্য কাজ বা কর্মজীবন বেছে নেওয়া, একটি নির্দিষ্ট বিশ্বাস গ্রহণ করা এবং ঈশ্বরের উপর আস্থা রাখা, আপনার জীবন কাটানোর জন্য

গুরুত্বপূর্ণ কাউকে খুঁজে পাওয়া এবং অবসর ক্রিয়াকলাপগুলিতে লিপ্ত হওয়া যা আপনাকে চ্যালেঞ্জ এবং অভিভূত করে। ", যেমন একটি সুন্দর বই পড়া, পিয়ানো বাজানো, বা একটি ল্যান্ডস্কেপ আঁকা।

আপনি আপনার অবসর সময় উপভোগ করুন বা কর্পোরেট সিঁড়িতে আপনার পথে কাজ করুন না কেন, আপনাকে অবশ্যই আপনার জন্য সেট করা মানগুলি মেনে চলতে হবে।

উদ্দেশ্য একটি অনুভূতি সুখের জন্য গুরুত্বপূর্ণ. আমাদের প্রত্যেককে নিজেদের লক্ষ্য নির্ধারণ করতে হবে। একটি উদ্দেশ্য আপনার জীবনের তাৎপর্য প্রদান করতে পারে।

গবেষণা অনুসারে, যখন আমরা বড় হই এবং বিকাশ করি, তখন আমরা সুখী হই যখন আমরা নতুন কিছু শিখি, সন্তুষ্টি খুঁজে পাই, নিজেদেরকে প্রসারিত করি, জনসাধারণের চাহিদার শ্রেণীবিন্যাসে আরোহণ করি, আত্ম-উপলব্ধির জন্য সংগ্রাম করি এবং সেরা হয়ে উঠি।

আমরা সুখ পাওয়ার জন্য সুখী, সুখ অর্জনের জন্য নয়। উদাহরণস্বরূপ, আপনি ইতিমধ্যে যা জানেন তা অনুশীলন করার চেয়ে পিয়ানো বাজানো শেখা আরও উপভোগ্য। অন্য কথায়, আমরা এমন জিনিস, মানুষ এবং ক্রিয়াকলাপে নিজেদেরকে নিমজ্জিত করে সুখ আবিষ্কার করি যা আমাদেরকে ধাক্কা দেয়, আমাদের প্রসারিত করে, আমাদের শক্তি এবং প্রতিভা ব্যয় করতে এবং আমাদেরকে ছাঁচে ও নতুন আকার দেয়। যখন আমরা সুখ বেছে নিই, তখন আমাদের জীবন শিল্পের কাজ হয়ে ওঠে।

এটি একটি লক্ষ্যের দিকে কাজ করার প্রক্রিয়া, লক্ষ্য নিজেই নয়। সুতরাং, আপনি যদি একটি স্মৃতিকথা লিখছেন, তবে একটি বই ছাপানো এবং প্রকাশ করার চেয়ে আপনার জীবনের গল্প লেখার মধ্যে আরও বেশি আনন্দ এবং তৃপ্তি রয়েছে।

ফলে আপনি খুশি হবেন। আপনি পছন্দ করেন, যেগুলি আপনাকে খুশি করে তাদের চিহ্নিত করুন এবং আপনার জীবনের প্রতিটি দিন তাদের অনুসরণ করুন; আপনি সম্পূর্ণ প্রক্রিয়ার মধ্য দিয়ে যান। তাহলে এটা কোন ব্যাপার না যেহেতু আপনি জানেন না আপনি মারা গেলে কি হবে। কিন্তু আপনি জানেন যে আপনি বেঁচে থাকার যোগ্য একটি জীবন যাপন করেছেন, একটি অর্থ এবং উদ্দেশ্য এবং আনন্দে পূর্ণ।

4

কিভাবে স্থিতিস্থাপক হতে?

"যখন সুখের দরজা বন্ধ হয়ে যায়, তখন আরেকটি দরজা খুলে যায়। কিন্তু আমরা প্রায়ই একটি বন্ধ দরজার দিকে দীর্ঘক্ষণ তাকিয়ে থাকি এবং আমরা একটি খোলা দরজা দেখতে পাই না।

একজন অবিচলিত ব্যক্তি সমস্যা, ব্যর্থতা, দুর্ভাগ্য, অসুস্থতা, ট্র্যাজেডি এবং প্রিয়জনের মৃত্যুর মুখোমুখি হতে পারে এবং কাটিয়ে উঠতে পারে। চাপের পরিস্থিতি এবং অসুবিধার মুখোমুখি হলে তারা সংযম বজায় রাখতে পারে। একজন শক্তিশালী মানুষ শিকার নয়। যখন তারা নেতিবাচকভাবে প্রভাবিত হয়, তারা সমস্যা সমাধানের দিকে মনোনিবেশ করে, নেতিবাচক কাটিয়ে উঠতে লক্ষ্য নির্ধারণ করে এবং প্রতিকূলতা কাটিয়ে উঠতে পদক্ষেপ নেয়। তারা একটি দুঃখজনক পরিস্থিতির ইতিবাচক দিকে মনোনিবেশ করে, একটি ভাল ফলাফলের প্রত্যাশা করে। স্থিতিস্থাপকতা এমন একটি বৈশিষ্ট্য যা জীবনের মুখোমুখি হওয়ার সময় কীভাবে প্রতিকূলতার সাথে মোকাবিলা করতে হয় এবং কীভাবে এগিয়ে যেতে হয় এবং প্রতিকূলতা কাটিয়ে উঠতে হয় যা প্রায়শই দুঃখ এবং উদ্বেগের কারণ হয় তা শিখতে সময় এবং প্রচেষ্টার সাথে বিকাশ করা যেতে পারে।

পরিবর্তন জীবনের অংশ। ব্যথা জীবনের অংশ। পৃথিবী নিষ্ঠুর এবং উদাসীন হতে পারে। অধিকাংশ মানুষ স্থিতাবস্থা পছন্দ করে, কিন্তু কিছুই একই থাকে না। এমন অসংখ্য ঘটনা আছে যা ব্যথা ও পরিবর্তনের কারণ

হয়ে দাঁড়ায়।

প্রিয়জনের মৃত্যু, যেমন একটি শিশু বা পত্নী। এটি বেকারত্ব, কর্মসংস্থান এবং দারিদ্র্যের দিকে পরিচালিত করে। আর্থিক সমস্যা ঋণ নিষ্পত্তি. রোগ এবং রোগ যেমন ক্যান্সার। প্রাকৃতিক দুর্যোগ যেমন ভূমিকম্প এবং টর্নেডো। একটি দুর্ঘটনা যার ফলে আঘাত বা থারাপ, অক্ষমতা।

এগুলির প্রতিটি একটি চাপপূর্ণ ঘটনা এবং নেতিবাচকতার উদাহরণ। হোমস এবং রেইক জীবনের ঘটনাগুলির স্কেল তৈরি করেছিলেন। এই স্কেলটির উদ্দেশ্য হল একজন ব্যক্তির জীবনে চাপের মাত্রা নির্ধারণ করা এবং ব্যক্তির শারীরিক ও মানসিক স্বাস্থ্যের উপর চাপের প্রভাব নির্দেশ করা। মৃত্যু, বিবাহবিচ্ছেদ, আঘাত, অসুস্থতা এবং চাকরি হারানো জীবনের কিছু চাপ। যখন একজন ব্যক্তি যে কোনো সময়ে এই জীবনের এক বা একাধিক সমস্যার সম্মুখীন হন এবং মোকাবেলা করেন, তখন তার মানসিক বা শারীরিকভাবে অসুস্থ হওয়ার ঝুঁকি থাকে।

স্থিতিস্থাপক ব্যক্তিরা প্রতিকূল পরিস্থিতিতেও ভবিষ্যত সম্পর্কে আশাবাদী এবং এই চাপপূর্ণ জীবনের ঘটনাগুলি কাটিয়ে ওঠার জন্য পদক্ষেপ নিতে পারে।

স্থির মানুষ কারা? ট্র্যাজেডি বা দুর্ভাগ্য তাদের মুখে পড়লে লোকেরা ভিন্নভাবে প্রতিক্রিয়া দেখায়। কেউ কেউ হতাশাগ্রস্ত এবং তা সহ্য করতে অক্ষম। তারা মাদকাসক্ত, অ্যালকোহল, রাগ, উদ্বেগ, বিষণ্নতা এবং দুর্ভাগ্য থেকে ধীরে ধীরে পুনরুদ্ধার করে। অন্যরা বড় হবে এবং উপলক্ষের সাথে মোকাবিলা করবে, বিপত্তি মোকাবেলা করবে এবং তাদের জীবনের সাথে এগিয়ে যাবে। এই ধরণের লোকেরা জানে যে চ্যালেঞ্জ, বিপত্তি, বাধা, বিপদ, এমনকি ট্র্যাজেডিও মানব অবস্থার গুণাবলী। তারা স্বীকার করে যে ব্যথা এবং দুঃখ জীবনের অংশ। তাদের স্থিতিস্থাপকতার বৈশিষ্ট্য রয়েছে।

এক্সপ্রেস ভবিষ্যতের বিষয়ে আশাবাদী দেখাচ্ছে। একজন আশাবাদী বিশ্বাস করে যে ভবিষ্যত উজ্জ্বল এবং সেই ভালো জিনিসগুলি ঘটবে, তিনি উত্থান-পতন, বাধা এবং প্রতিকূলতা কাটিয়ে উঠবেন এবং তার লক্ষ্য এবং স্বপ্নগুলি অর্জনের জন্য কঠোর পরিশ্রম করবেন। আশাবাদীরা নেতিবাচক উপেক্ষা করতে অন্ধ নয়। আশাবাদ মানে নেতিবাচক দিকটি চিনতে গিয়ে একটি কৌতূহলী ঘটনা বা পরিস্থিতির ইতিবাচক দিকে মনোনিবেশ করা। আশাবাদ হল একটি থারাপ পরিস্থিতি থেকে বেরিয়ে আসার সর্বোত্তম উপায় খুঁজে বের করা। একজন ব্যক্তি যখন আশাবাদের সাথে চিন্তা করে তখন আশা

জাগে।

তাদের বন্ধু, পরিবার এবং আম্মার বন্ধুদের মতো শক্তিশালী সামাজিক সমর্থন নেটওয়ার্ক রয়েছে। কঠিন সময়ে, একজন অবিচলিত ব্যক্তি একজন বিশ্বস্ত ব্যক্তির কাছ থেকে সাহায্য এবং পরামর্শ চান।

তাদের কঠিন সমালোচনামূলক চিন্তা করার ক্ষমতা রয়েছে। কঠিন ব্যক্তিরা তাদের উদ্বেগ মোকাবেলা করার উপায় খুঁজে বের করে।

তাদের আত্ম-প্রশংসা অনুপ্রেরণা আছে। টেকসই ব্যক্তিদের নিজেদের প্রতি একটি উন্নত দৃষ্টিভঙ্গি থাকে। তারা বেশিরভাগ অংশে নিশ্চিত বোধ করে, যা তাদের নিয়ন্ত্রণের অনুভূতি যোগ করে। তারা স্বীকার করে যে তাদের ক্রিয়াকলাপগুলি একটি ভয়ানক পরিস্থিতির ফলাফলকে চূড়ান্তভাবে প্রভাবিত করবে।

সেট করুন এবং উদ্দেশ্য পূরণ করার চেষ্টা করুন। যে মুহূর্তে অসুবিধা নীল থেকে বেরিয়ে আসে, বহুমুখী ব্যক্তিরা এমন একটি কার্যকলাপের পরিকল্পনা তৈরি করে যার উদ্দেশ্যগুলি একটি দুর্ঘটনা বা বিপত্তি মোকাবেলার জন্য রয়েছে।

তারা অসুবিধা থেকে লাভ করে। আশাবাদী ব্যক্তি অসুবিধা থেকে লাভ করে এবং ভবিষ্যতের দুর্ঘটনা, অসুবিধা এবং বিপত্তিগুলি পরিচালনা করতে এই তথ্যগুলি ব্যবহার করে।

5
ক্লান্তি কাটিয়ে ওঠা

" জীবন কি বহুগুণ বেশি সীমিত নয় যে আমরা নিজেদের ক্লান্ত হয়ে পড়ি?" - ফ্রেডরিক নিটশে

ক্লান্তি কি? একটি প্রবণতা নিয়মিতভাবে সক্ষম হতে পারে যখন আমরা অলস বসে থাকি বা ব্যক্তি, পরিস্থিতি, স্থান, আন্দোলনের প্রতি আগ্রহ হারিয়ে ফেলি। আমাদের মানসিকতা বিপর্যস্ত হতে শুরু করে, সম্ভবত কল্পনাপ্রসূত। আমরা কেন্দ্র করতে পারি না। তারপর, সেই সময়ে, আমরা বুঝতে পারি যে আমরা আগ্রহ হারিয়ে ফেলেছি - যে আমরা মনোযোগ দিতে পারি না। আমাদের প্রায়ই ক্লান্তি থেকে পালাতে হয় তবুও পারি না। বমি বমি ভাব, আমাদের পরিবেশগত কারণ উপেক্ষা করে, আমরা সাধারণত হাই উঠি।

ক্লান্তি মানুষের অবস্থার একটি সাধারণ ইঙ্গিত। দীর্ঘ পথ অতিক্রম করে, আমরা নিয়মিত আমাদের সহযোগীদের সাথে ক্লান্ত হয়ে পড়ি, আমাদের কাজের সাথে ক্লান্ত হয়ে পড়ি, আমাদের জীবনের সময়সূচী নিয়ে ক্লান্ত হয়ে পড়ি। ধরে নিই যে আমরা যেকোন কিছু অনুভব করি, এটি আরও স্বাভাবিক হয়ে ওঠে, তাই আমরা আমাদের ঘর সাজাই, নতুন যানবাহন ক্রয় করি এবং অসাধারণ আপতিতে ভ্রমণ করি। অল্পবয়সীরা স্কুলে আগ্রহ হারিয়ে ফেলে এবং বাধার সন্ধান করে। যে মহিলারা টেলিকমিউট করেন তারা গৃহস্থালির কাজ, অনুরূপ নৈশভোজ তৈরি করে, খাবারের সন্ধানে এবং কলেজ বা কাজের জন্য রওনা দিতে ক্লান্ত হয়ে পড়েন। ভ্রমণকারীরা নিয়মিত একই রকম রাস্তার সাথে কাজ করতে করতে ক্লান্ত হয়ে পড়ে এবং পরে ভিড়ের সময় গ্রিডলকের মধ্যে থেমে যায়, তাই তারা তাদের সঙ্গীদের কল করে বা

বুক রেকর্ডিং বা বিনোদন সঙ্গীতে মনোযোগ দেয়। গ্রাহকরা তাদের খাবারের জন্য অর্থ প্রদানের জন্য লাইনে শক্তভাবে ঝুলে থাকে এবং ক্লান্ত এবং অস্থির বা অস্বস্তিতে পড়ে। টিভি, মোশন ছবি, কম্পিউটার গেম এবং সেল ফোন সত্ত্বেও, ক্লান্তি বর্তমান জীবনের একটি সর্বব্যাপী উপাদান।

অনেক গভীর মাস্টারমাইন্ড এবং কল্পনাপ্রবণ পণ্ডিতরা ক্লান্তির আসল কারণগুলি ব্যাখ্যা করেছেন। স্রষ্টা মার্গারেট জর্জ একটি চিত্তাকর্ষক চিত্রনাট্য দিয়েছেন: "ক্লান্তি একটি ভয়ঙ্করভাবে অকেজো অবস্থা, এবং ওষুধ যা এটি মোকাবেলা করতে পারে - অর্থাৎ, আন্দোলন - অসুস্থ দেখায়। তীর-ভিত্তিক অস্ত্র? এটি হিমায়িত এবং অতিরিক্তভাবে, পোশাকগুলিকে পুনরায় ঢেকে রাখা প্রয়োজন ;ইঁদুররা ঘাসে ছিল। সঙ্গীত? শুনতে বমি লাগে; এটি তৈরি করতে, এক টন বোঝা। অলসতার আত্মীয় এবং কষ্টের ভাইবোন।"

সাদা ডিভাইডারের মতো মুক্ত বাতাসের উন্নতি এবং কারিগর অফিস নেই।

একটি কাজ পুনঃস্থাপন করা, সম্ভবত একটি যান্ত্রিক উৎপাদন ব্যবস্থায় দূরে সরে যাওয়া।

সতর্কতা, যেখানে একজন ব্যক্তিকে কেন্দ্রীভূত করতে হবে, উদাহরণস্বরূপ, চ্যাপেলে বসে একটি বার্তায় মনোযোগ দেওয়া।

আবেগহীন ক্লান্তি। আপনি কিছু করতে চান এমন পরিস্থিতির আলোকে এটি অস্বস্তিকর, মজাদার, উৎসাহী। উদাহরণস্বরূপ, কর্মক্ষেত্রে অনেক দিন পরে, আপনি বাড়িতে ফিরে যান, একটি অলস বাচ্চার আসনে বিশ্রাম নেন, টিভি চালু করেন এবং উদাসীনভাবে একটি সিটকম দেখার স্বপ্ন দেখেন।

ক্লান্তি সামঞ্জস্য করা। আপনি এমন পরিস্থিতিতে আছেন যেখানে আপনি থাকতে পারবেন না। সম্ভবত আপনাকে দূরে সরে যেতে হবে এবং আপনার অভিজ্ঞতার প্রতিটি বৈকল্পিক অনুশীলনের বিষয়ে চিন্তা করতে হবে।

ক্লান্তি খুঁজছি। আপনি উদ্বিগ্ন, বাধা প্রয়োজন বা আপনার বর্তমান পরিস্থিতি পরিবর্তন করতে হবে। সম্ভবত আপনি নিস্তেজ এবং অন্য কিছু এবং আরও ভাল ট্র্যাক ডাউন সম্পর্কে কাজ এবং ফ্যান্টাসিতে আটকে আছে. সম্ভবত আপনার সম্পর্ক তার উৎসাহ হারিয়েছে এবং বর্তমানে আপনার একটি নতুন জিনিস এবং অনন্য প্রয়োজন।

প্রতিক্রিয়া ক্লান্তি. আপনি ধরা পড়েছেন এবং নিরুৎসাহিত হয়েছেন - এবং পরিস্থিতি থেকে দূরে যেতে অক্ষম। উদাহরণ স্বরূপ, রাষ্ট্রীয় অনুদানপ্রাপ্ত স্কুলের যুবকরা নিয়মিত এই ধরণের ক্লান্তি অনুভব করে।

দোলনা বা স্লাইডগুলিতে দুর্দান্ত সময় কাটানোর পরিবর্তে, তাদের উচিত শিক্ষাবিদকে মনোযোগ দেওয়া যিনি বানানের দিকনির্দেশ দেন।

উদাসীনতা এবং একঘেয়েমি। আপনি স্বাচ্ছন্দ্য, প্রত্যাহার এবং আপনার চারপাশের বিশ্বের প্রতি উদাসীন বোধ করেন। হতে পারে আপনি সকালের খবরের কাগজ পড়েন, কফি পান করেন এবং আপনার দৈনন্দিন রুটিনে ব্যস্ত বারান্দায় বসে থাকেন, এবং খবরটি ঠিক ততটাই বিরক্তিকর মনে হয়। এই ঘটনা আগে অভিজ্ঞতা আছে বলে মনে হয়.

বিরক্ত হলে কি হবে? অনেক: আমাদের মন দ্রুত হয় এবং আমাদের সময় ধীর হয়। আমাদের হৃদস্পন্দন বৃদ্ধির সাথে সাথে শরীর রক্তের প্রবাহে স্ট্রেস হরমোন কর্টিসল নিঃসরণ করে। একঘেয়েমি শিথিল হতে পারে, কিন্তু অন্যথায়, এটি চাপযুক্ত হতে পারে, বিশেষ করে যদি একজন ব্যক্তি খুব বেশি অনুভব করেন।

এবং একঘেয়েমি এমন কর্মের দিকে পরিচালিত করে যা আমাদের স্বাস্থ্য, নিরাপত্তা, সাফল্য এবং সুখকে ধ্বংস করে। বেশির ভাগ মানুষ যখন একঘেয়ে হয়ে থায়, যা স্থূলতার দিকে নিয়ে যায়। কিছু লোক অত্যধিক অবৈধ ওষুধ ব্যবহার করে এবং খুব বেশি অ্যালকোহল পান করে একঘেয়েমি এড়াতে অভ্যাস করে। সীমাহীন একঘেয়েমি আপনাকে ক্লান্ত, উদাসীন এবং হতাশ করে তুলতে পারে। স্কুলে, বাচ্চাদের শান্ত এবং সহানুভূতিশীল হতে শেখানো হয়। কিছু শিশু এটিকে বিরক্তিকর, মনোযোগহীন এবং পড়াশোনা করা কঠিন বলে মনে করে।

কিছু লোককে বিরক্তিকরভাবে কাজ করতে হয়, যা তাদের প্রেরণা হ্রাস করে এবং থারাপ কর্মক্ষমতা এবং অনুপস্থিতির দিকে পরিচালিত করে। যারা বিরক্ত তাদের জন্য, জীবন প্রায়ই অর্থহীন এবং উদ্দেশ্যহীন বলে মনে হয়, যা উদ্বেগ, বিষণ্ণতা এবং পদার্থ এবং অ্যালকোহল অপব্যবহারের দিকে পরিচালিত করতে পারে। অনেক বিরক্ত মানুষ বিপজ্জনক আচরণে লিপ্ত হয় যেমন বি. অরক্ষিত যৌনতা, বিবাহ বহির্ভূত যৌনতা, পতিতাদের সাথে যৌনতা , একাধিক সঙ্গীর সাথে যৌনতা। অরক্ষিত যৌনতায় অংশগ্রহণকারীরা এইচআইভির মতো যৌনবাহিত রোগে আক্রান্ত হতে পারে। গবেষকরা আবিষ্কার করেছেন যে কিশোর-কিশোরীদের একঘেয়েমি ধ্বংস, দাঙ্গা এবং গুন্ডাদের দিকে নিয়ে যেতে পারে। যারা রোমাঞ্চের সন্ধান করছেন যারা তাদের দৈনন্দিন জীবন থেকে ক্লান্ত তারা উচ্চ-ঝুঁকিপূর্ণ পদক্ষেপ নেয় যেমন প্লেন থেকে স্কাইডাইভিং, উচ্চ গতিতে গাড়ি চালানো এবং খাড়া পাথুরে

পাহাড়ে আরোহণ । অনেক রোমাঞ্চ-সন্ধানী তাদের দুর্ভাগ্যের কারণে মারা গেছে।

একঘেয়েমি জন্য প্রতিকার প্রায়ই একটি ব্যক্তিগত পছন্দ. আমরা আমাদের পরিস্থিতির প্রতি উদাসীন হয়ে একটি বিরক্তিকর জীবন বেছে নিই। অথবা আমরা একঘেয়েমি এড়াতে জানি না এবং শেখার চেষ্টা করি না। অন্য সময়ে একঘেয়েমি পরিস্থিতি থেকে বের হতে পারি না , তাই একঘেয়েমিতে আটকে যাই। অনেকেই বিরক্ত হলে স্মার্টফোন ব্যবহার করেন। এটি একটি স্বল্পমেয়াদী সমাধান এবং সর্বদা একটি বিকল্প নয়, বিশেষ করে যদি আপনি একটি নির্দিষ্ট স্থানে আপনার ডিজিটাল গ্যাজেট ব্যবহার করতে না পারেন। কিভাবে আমরা আমাদের জীবন আকর্ষণীয় রাখতে পারি?

আপনি যখন একটি বিরক্তিকর পরিস্থিতি কল্পনা করেন, তখন আপনার মনোযোগ অন্য দিকে সরিয়ে নেওয়ার পরিকল্পনা করুন। উদাহরণস্বরূপ, একটি ক্লিনিকে একটি ক্রসওয়ার্ড পাজল বা একটি সংবাদপত্রে একটি সুডোকু ধাঁধা সমাধান করুন। যখন আপনি জানেন যে আপনাকে অপেক্ষা করতে হবে, তখন একটি ভাল বই বা সংবাদপত্র নিয়ে আসুন এবং অপেক্ষা করার সময় পড়ুন।

একটি নতুন দক্ষতা শিখুন। তোমার কি কোন স্বপ্ন আছে? ইচ্ছা? ইচ্ছা? পিয়ানো, সৃজনশীল লেখা, ডিজিটাল ফটোগ্রাফি, বা বলরুম নাচ হোক না কেন, আকর্ষণীয় এবং মজাদার কিছু নিয়ে আসুন। অন্যদের সাথে কথা বলুন। মজা করুন, এমন বন্ধুদের সাথে সময় কাটান যারা নতুন জিনিস করতে পছন্দ করেন, আকর্ষণীয় এবং জীবনকে একটি অ্যাডভেঞ্চার হিসাবে দেখেন।

ফিটনেসকে আপনার দৈনন্দিন জীবনের একটি অংশ করুন। আপনি যে ফিটনেস প্রোগ্রাম উপভোগ করেন তাতে যোগ দিন। কিছু মানুষ একা প্রশিক্ষণ পছন্দ. যোগব্যায়াম, ওজন প্রশিক্ষণ, হাঁটা, জগিং এবং সাঁতার এমন কিছু কার্যকলাপ যা আপনি নিজে করতে পারেন । অন্যরা অন্যদের সাথে থাকা এবং দলে যোগদান করা উপভোগ করে। কার্যকলাপ যা আপনি অন্যদের সাথে করতে পারেন, যেমন স্কোয়াশ, টেনিস, হকি, বেসবল, বোলিং এবং আরও অনেক কিছু।

আপনার স্বাদ অনুসারে অনুগ্রহ করে. আপনি কি উপভোগ করছেন? আপনি একটি স্বপ্ন আছে? এটি সত্য করতে পদক্ষেপ নিন। ধরুন আপনি একজন প্রকাশিত লেখক হওয়ার স্বপ্ন দেখেন। আপনি একটি জার্নালে লেখা

শুরু করতে পারেন। এর পরে, আমি কিছু সৃজনশীল লেখার ক্লাস নিলাম। তারপর কবিতা, কথাসাহিত্য এবং সৃজনশীল ননফিকশন পড়ুন।

আপনার পরিবেশ পরিবর্তন করুন। উদাহরণস্বরূপ, আপনি যদি আপনার অফিসে বিরক্ত হন তবে একটি নতুন চাকরি খুঁজুন। আপনি যদি ইউনিভার্সিটিতে আপনার কোর্স নিয়ে বিরক্ত হন তবে অন্যদের মধ্যে ভর্তি হন। আপনার ঘর যদি নিস্তেজ এবং নিস্তেজ হয় তবে এতে অন্য রঙ যোগ করুন এবং একটি পেইন্টিং বা ফটোগ্রাফ ঝুলিয়ে দিন।

আপনার দৈনন্দিন জীবনের রুটিন ভাঙ্গুন. অন্য কথায়, নতুন কিছু করুন। নতুন বন্ধু তৈরি করুন, কাজ করার নতুন উপায় অনুসরণ করুন, নতুন রেস্তোরাঁয় খান, নতুন সিনেমা দেখুন, টিভিতে নতুন শো দেখুন।

সৃজনশীল হও. সবাই কোনো না কোনোভাবে সৃজনশীল, কিন্তু অনেকে বলে, "আমি সৃজনশীল নই।" এই নেতিবাচক চিন্তাধারা আমাদের সৃজনশীল জীবন যাপনের পদক্ষেপ নিতে বাধা দেয়। আপনি সৃজনশীল ক্রিয়াকলাপগুলিতে জড়িত হয়ে এই সৃজনশীল ব্লকটি অতিক্রম করতে পারেন। আপনি আর্ট গ্যালারী পরিদর্শন করতে পারেন, রক কনসার্ট দেখতে পারেন এবং সিনেমার টিকিট কিনতে পারেন। শিল্পে দক্ষ যে কেউ স্কেচিং, অঙ্কন, পেইন্টিং, খোদাই এবং ফটোগ্রাফি শুরু করতে পারেন। আপনি যদি কিছু আর্ট ক্লাসে নথিভুক্ত করতে জানেন না বা শিখতে বই এবং ম্যাগাজিন পড়ুন।

আপনার কৌতূহল উত্তর খুঁজুন. সবকিছু সম্পর্কে বিস্তারিত জানার ইচ্ছা। উত্তর পেতে অনেক উপায় আছে। বিষয় সম্পর্কে পড়া শেখার একটি ভাল উপায়. অন্যটি নতুন অভিজ্ঞতায় নিজেকে নিমজ্জিত করছে, যেমন একটি নতুন শহরে চলে যাওয়া যেখানে আপনি সংস্কৃতি, রান্না, শিল্প এবং মানুষ সম্পর্কে শিখতে পারেন। ইন্টারনেটে আপনার উত্তর অনুসন্ধান করা অন্য। একটি বিষয় বিশেষজ্ঞ হওয়ার লক্ষ্যে একটি কোর্সে ভর্তি করা আপনার ক্ষুধার্ত কৌতূহল মেটানোর একটি সাধারণ উপায়। আমেরিকান লেখক এবং কবি ডরোথি পার্কার একবার বলেছিলেন, "একঘেয়েমির নিরাময় হল কৌতূহল। আপনি আপনার কৌতূহল নিরাময় করতে পারবেন না।"

বিঃদ্রঃ. এই মুহুর্তে কি ঘটছে তা খুঁজে বের করতে আপনার ইন্দ্রিয় ব্যবহার করুন. তুমি কি দেখতে পাও? আমি শুনতে চাই? অনুভূত? গন্ধ? স্বাদ? একটি মানসিক নোট তৈরি করুন। একটি নোটবুক বা জার্নালে বিস্তারিত লিখুন। আপনার স্মার্টফোন দিয়ে কিছু ছবি তুলুন। সাবধানে, লাইন, আকৃতি, ফর্ম,

টেক্সচার, মাটির রঙের সৃজনশীল দিকগুলিতে আপনার মনোযোগ কেন্দ্রীভূত করুন। বেশিরভাগ পাবলিক স্পেস এবং লোকেরা বিশদ পর্যবেক্ষণ করে আকর্ষণীয় হয়ে উঠতে পারে। শিল্পী, অ্যান্ডি ওয়ারহল একবার বলেছিলেন, "সাধারণত ছোট জিনিসগুলি যা আপনাকে বিরক্ত করে তা আপনাকে হঠাৎ রোমাঞ্চিত হতে দেওয়া উচিত নয়।"

ধ্যান করতে শিখুন। একবার আপনি শিখে গেলে, বিরক্তিকর অভিজ্ঞতাগুলি মোকাবেলা করার জন্য ধ্যানকে একটি উপায় করুন। ধরা যাক আপনি নিজেকে একটি অনিবার্য এবং বিরক্তিকর জায়গায় খুঁজে পেয়েছেন। সম্ভবত আপনি ডেন্টিস্টের ওয়েটিং রুমে আটকে আছেন এবং আপনি বিরক্ত হতে শুরু করছেন। আপনার চোখ বন্ধ করুন, ধ্যান করুন এবং আপনার শ্বাসের উপর ফোকাস করুন। এটি আপনার মনকে পরিষ্কার করে এবং শান্ত করে এবং আপনাকে অভ্যন্তরীণ শান্তি বিকাশে সহায়তা করে। অংশগ্রহণ করা

স্ট্রিমিং অভিজ্ঞতা। প্রবাহ হল মনের একটি অবস্থা, একটি ইতিবাচক আবেগ যা ব্যক্তিগত সুস্থতায় অবদান রাখে। অভিজ্ঞতাটি মেজাজ সেট করে এবং এটি আবার করতে চাওয়ার জন্য আপনাকে পুরস্কৃত করে, কারণ আপনি অভিজ্ঞতায় নিমগ্ন হন এবং সময়ের সমস্ত চিহ্ন হারিয়ে ফেলেন। মিহারি সিক্স জেন্ট পজিটিভ সাইকোলজিস্ট মিহারির মতো এটাকে সঠিক অভিজ্ঞতার মনোবিজ্ঞান বলে। আপনাকে মনোনিবেশ করতে হবে। আপনাকে একটি ফলপ্রসূ এবং অর্জনযোগ্য অভিজ্ঞতায় অংশগ্রহণ করতে হবে যার লক্ষ্য রয়েছে। অভিজ্ঞতাও অভ্যন্তরীণভাবে ফলপ্রসূ। একটি নিরবধি অভিজ্ঞতা অনুভব করার সময় নিজেকে নিজের মধ্যে নিমজ্জিত করুন। আপনি অভিজ্ঞতা থেকে প্রতিক্রিয়া পাবেন এবং আপনার নিয়ন্ত্রণ আছে। প্রবাহটি সাধারণত এমন ক্রিয়াকলাপগুলির জন্য হয় যা আপনি সত্যিই উপভোগ করেন, নিমজ্জিত হন, খুশি হন, আত্মবিশ্বাস হারান, সমৃদ্ধ হন, পুরস্কার পান, ইত্যাদি, যেমন লেখা, চিত্রাঙ্কন, দৌড়, নাচ ইত্যাদি। এটি সম্পর্কিত।

বিরক্তিকর তুলা সবসময় যুক্তিবাদী, মানসিকভাবে দুর্বল, খুব আবেগপ্রবণ এবং হয়তো একটু বেশি শক্তিশালী। একঘেয়েমি হল মনের একটি অবাঞ্ছিত অবস্থা যেখান থেকে আমরা প্রায়শই পালিয়ে যাই। আপনি যদি বিরক্ত হন তবে আপনার জীবনের এমন দিকগুলি পরিবর্তন করুন যা আপনাকে বিরক্ত করে তোলে। আপনি সবসময় একঘেয়েমি থেকে আপনার

মনোযোগ সরাতে পারেন। আর্থার শোপেনহাওয়ার একবার বলেছিলেন, "ব্যথা এবং একঘেয়েমি মানুষের কল্যাণের দুটি শত্রু।" আপনি যতটা সময় বিরক্ত হন তা দূর করে বা হ্রাস করে, আপনি আপনার মঙ্গল, জীবনের সন্তুষ্টি এবং সুখ বাড়ান।

6

জীবনের প্রবাহের সন্ধান

"সুখ এমন কিছু যা প্রতিটি ব্যক্তিকে অবশ্যই পৃথকভাবে প্রস্তুত, লালনপালন এবং রক্ষা করতে হবে।"

সম্পদ, ক্ষমতা, লিঙ্গ, এবং বস্তুগত আরাম সুখ এবং সুখের গ্যারান্টি দেয়। না. এই সাফল্যের ঘাটতি আছে যারা এখনও একটি শান্ত, মরিয়া, খালি জীবনযাপন করছেন, প্রায়ই একটি তরল অভিজ্ঞতা তাদের জীবনের অংশ নয়। একটি প্রবাহ কি?

মনোবিজ্ঞান এবং মনোরোগ বিশেষজ্ঞের অধ্যাপক মিহারির মতে, প্রবাহ হল সঠিক অভিজ্ঞতা বা "জীবনের সাথে সম্পূর্ণ সম্পৃক্ততা।" এটি একটি লক্ষ্য নয়, তবে এটি এমন একটি সরঞ্জাম যা লোকেরা একটি কার্যকলাপ, ইভেন্ট বা অভিজ্ঞতায় নিজেদের নিমজ্জিত করতে ব্যবহার করে। "সেই সময়ে, এটি আমাদের আঘাত করেছিল। অভিজ্ঞতাটি লক্ষ্য-ভিত্তিক, অভ্যন্তরীণভাবে সমৃদ্ধ, পুরস্কৃত এবং মজাদার। লেখা, শিল্প তৈরি, নাচ, বাদ্যযন্ত্র বাজানো, টেনিস এবং দাবা খেলায় অংশগ্রহণ করা। বিভিন্ন ক্রিয়াকলাপ যেমন একটি প্রবাহ তৈরি করে

আপনি একটি প্রবাহিত অভিজ্ঞতা খুঁজে পেতে পারেন এবং একটি উদ্দেশ্যহীন, অথহীন বা বিরক্তিকর অস্তিত্বকে আনন্দ, ইচ্ছা, অনুপ্রেরণার জীবনে রূপান্তর করতে এটি ব্যবহার করতে পারেন। রেশন এবং উত্তেজনা পরিবর্তন করার জন্য আপনার সুখ এবং সুখের অনুভূতি বাড়ায় এমন একটি

জীবন।

এমন অসংখ্য স্ট্রিমিং অভিজ্ঞতা রয়েছে যা আপনার মঙ্গল বাড়াতে পারে। প্রবাহ অনুভব করুন। জীবনের অভিজ্ঞতায় জড়িত থাকার জন্য যখন এক বা একাধিক ইন্দ্রিয়ের ব্যবহার প্রয়োজন, যেমন B. শ্রবণ, আপনি সুন্দর সঙ্গীতে মনোযোগ দিয়ে উপভোগ করতে পারেন।

সামাজিকীকরণের প্রবাহ। অন্যদের সাথে মূল্যবান সময় কাটান যেমন B. বন্ধু, পরিবার এবং গুরুত্বপূর্ণ ব্যক্তিদের সাথে আকর্ষণীয় কথোপকথন।

মানবজাতির নদী। আপনার "নিজেকে" কাটিয়ে উর্ঠুন এবং যাদের প্রয়োজন তাদের সাহায্য করুন। গান্ধী এবং মাদার তেরেসা উভয়েই একটি সহানুভূতিশীল জীবনযাপন এবং অন্যদের দুঃখকষ্ট দূর করার দিকে মনোনিবেশ করেছিলেন। শরীরের প্রবাহ। যোগব্যায়াম, দৌড়ানো, সাইকেল চালানো, নাচ, সাঁতার এবং যৌনতার মতো শারীরিক কার্যকলাপের জন্য আপনার শরীর ব্যবহার করুন। কর্মধারা. চ্যালেঞ্জিং, অভ্যন্তরীণভাবে ফলপ্রসূ কাজে আপনার মন ব্যবহার করুন।

বিশ্রামের প্রবাহ। অবসরকালীন ক্রিয়াকলাপগুলিতে অংশগ্রহণ করুন যা আপনাকে চিন্তা করতে এবং মনোনিবেশ করে, যেমন একটি আর্ট গ্যালারির দেওয়ালে ঝুলানো, কারও চিত্রকলার বিস্ময়কে প্রশংসা করা। টিভি দেখা একটি স্ট্রিমিং অভিজ্ঞতা নয়।

আত্মার প্রবাহ। আপনার মন-পড়া, লিখুন, দাবা খেলুন, ক্রসওয়ার্ড পাজল, সুডোকু এবং অন্যান্য ধাঁধা সমাধান করে লক্ষ্য অর্জন করুন। অভিজ্ঞতা কি বাধা আছে

প্রবাহ? এখানে অনেক:

বিরক্তিকর দৈনন্দিন, পুনরাবৃতিমূলক এবং অর্থহীন অভিজ্ঞতার মধ্যমতা আপনাকে বিভ্রান্ত করতে পারে এবং প্রবাহের অভিজ্ঞতা থেকে আপনাকে বাধা দিতে পারে।

চাপ ভয়, উদ্বেগ এবং উদ্বেগ আপনাকে বিভ্রান্ত করতে পারে এবং প্রবাহ অনুভব করার জন্য প্রয়োজনীয় মানসিক শক্তিকে হ্রাস করতে পারে। বিচ্ছিন্নতা, সামাজিকভাবে বিচ্ছিন্ন এবং সমাজের তাড়াহুড়ো থেকে বিচ্ছিন্ন বোধ প্রবাহকে বাধা দিতে পারে।

ক্ষোভ. গোলমাল মাল্টিটাস্ক, উদ্বেগ, দায়িত্ব ইত্যাদি প্রবাহকে ধ্বংস করে। অনুপ্রেরণার অভাব। অলস বোধ আপনাকে প্রবাহের অভিজ্ঞতা নেওয়ার জন্য পদক্ষেপ নিতে বাধা দেয়। দুর্ভাগ্য, দুঃখ, ক্ষতি। এই প্রতিটি মন

এবং শরীর থেকে শক্তি নিষ্কাশন করে, এটি প্রবাহ অনুভব করা কঠিন করে তোলে।

নিত্যপ্রয়োজনীয় জিনিস - খাদ্য, বাসস্থান এবং বস্ত্রের অভাব। আপনি প্রবাহ অনুভব করার আগে, আপনার জীবনযাত্রার একটি মৌলিক মান থাকতে হবে এবং জীবনের মৌলিক প্রয়োজনীয়তাগুলি নেই। অন্যথায়, প্রবাহের প্রয়োজনের পরিবর্তে, সেই চাহিদাগুলি পূরণ করার দিকে মনোনিবেশ করুন।

মনোযোগ ঘাটতি ব্যাধি বা আসক্তি ঘনত্বের ক্ষতি করে এবং আপনি প্রবাহ এবং এর সুবিধাগুলি অনুভব করতে পারবেন না। এই প্রতিটি বিক্ষিপ্ত, ঘনত্ব বাধা দেয়, এবং সম্পূর্ণরূপে তাত্ক্ষণিক অভিজ্ঞতার উপর মনোনিবেশ করে, যা একটি নিখুঁত অভিজ্ঞতার দিকে পরিচালিত করে।

কিছু লোক বাধা বা চ্যালেঞ্জগুলি কাটিয়ে উঠতে সক্ষম হয়, তাদের কাছ থেকে শিখতে পারে এবং তাদের প্রবাহিত অভিজ্ঞতায় পরিণত করতে পারে। উদাহরণস্বরূপ, স্ট্রেস মোকাবেলায়, লোকেরা তাদের মনস্তাত্ত্বিক সংস্থান, সামাজিক সহায়তা এবং বিভিন্ন মোকাবেলার কৌশল যেমন সমস্যা সমাধান, লক্ষ্য নির্ধারণ এবং স্ট্রেস ব্যবস্থাপনা ব্যবহার করে।

কিভাবে আপনি আপনার জীবনে প্রবাহ যোগ করতে পারেন? আপনার সুখ অনুসরণ করুন বা আপনার ইচ্ছা আলিঙ্গন. অর্থপূর্ণ লক্ষ্য অর্জনের জন্য সেট করুন এবং কাজ করুন। মজার, আলাপচারী, হাস্যরসাত্মক এবং বন্ধুত্বপূর্ণ লোকেদের সাথে কথা বলুন। শিল্প পান. আপনি আর্ট গ্যালারি পরিদর্শন করতে পারেন, বাদ্যযন্ত্র বাজাতে শিখতে এবং ছবি তুলতে পারেন। নতুন কিছু শিখুন. বেশিরভাগ লোকই সৃজনশীল লেখা, রান্নার মতো হাতে-কলমে শেখা এবং একটি নতুন ভাষা শেখার মতো কোর্স গ্রহণ করে। শেখার একটি জীবনব্যাপী সাধনা করুন. ফিটনেস ক্রিয়াকলাপ যুক্ত করুন যা আপনার জীবনে প্রবাহ সৃষ্টি করে যেমন দৌড়, যোগব্যায়াম, নাচ।

আপনার জীবনের লক্ষ্য খুঁজে বের করা এবং এটি অর্জনের জন্য পদক্ষেপ নেওয়া অত্যন্ত গুরুত্বপূর্ণ। এটি আপনাকে অর্থ দেয়।

7

সুখ

"সন্দেহকারীদের জন্য স্বাভাবিক বৈশিষ্ট্য হল যে তারা স্বীকার করে যে ভয়ানক অনুষ্ঠানগুলি বেশ কিছুক্ষণের জন্য এগিয়ে যাবে, তারা যে প্রতিটি পদক্ষেপ করবে তা তাদের নিজস্ব সমস্যা হবে। এটা গৃহীত হয় যে কারণগুলি এই একটি ক্ষেত্রেই সীমাবদ্ধ। "- ইতিবাচক বিশ্লেষক

সন্তুষ্ট থাকার আকাঙ্ক্ষা, একটি BMW অটো কেনার আকাঙ্ক্ষা, দিনের আলোতে পুলের ধারে আলোকিত এবং বিশ্রাম, লটারির টিকিট বা অন্য একজোড়া পরিকল্পনাকারী লেভিস অর্জন সাধারণত মানুষের অনুশীলনকে ট্রিগার করে। অনলস চুম্বন। প্যাসকেল বলেছিলেন, "আনন্দ হল প্রতিটি ক্রিয়াকলাপের জন্য প্রতিটি ব্যক্তির আকাঙ্ক্ষা, এবং আশ্চর্যজনকভাবে যাদের ফাঁসি দেওয়া হয়।" তার সাফল্যের দ্য ক্রাফট অফ জয়ে, দালাই লামা ব্যক্ত করেছেন: "আমি স্বীকার করি যে জীবনের কারণ হল আনন্দের সন্ধান করা। এটা পরিষ্কার। ধর্মের প্রতি কারো আস্থা আছে কি না... সামগ্রিকভাবে আমাদের সর্বত্র মহান কিছু দরকার। দৈনন্দিন জীবন। এইভাবে, আমি মনে করি আমাদের জীবন যেমন ছিল সন্তুষ্টির দিকে যাচ্ছে।"

পরমানন্দ হল সুখ বা পরিপূর্ণতার অনুভূতি। আমি অস্থায়ী আনন্দদায়ক মিনিট বা আনন্দের সামান্য এনকাউন্টারের ইঙ্গিত করছি না, তবুও একজনের জীবনে পরিপূর্ণতা এবং পরিপূর্ণতার একটি স্থায়ী অনুভূতি। বিষয়বস্তু থাকার এই আকাঙ্ক্ষা বেশ বড় সংখ্যাকে অনুপ্রাণিত করে। প্রফুল্ল হওয়া মানব জীবনের গুরুত্ব ও কারণ। বিশাল সংখ্যাগরিষ্ঠ নিজেদের সাথে ভাগ করে না, "আমি হয় বা কিছু করব যাতে আমি আনন্দিত হতে পারি।"

সমস্ত জিনিস সমান হওয়াতে, নিহিতের দ্বারা সন্তুষ্টির সন্ধানটি ঘটে যখন একজন আনন্দের সন্ধান করতে থাকে বা পূর্ণাঙ্গ এনকাউন্টার করতে থাকে।

কিছু মস্তিষ্কের বিজ্ঞানের গবেষণা অনুসারে, আমাদের আনন্দের সিংহভাগের উপর আমাদের নিয়ন্ত্রণ রয়েছে। এটি করার জন্য, আমাদের পরিপূর্ণতা এবং সন্তুষ্টি গড়ে তোলার উপায় খুঁজে বের করা উচিত। এটি বলে যে গিগ দ্বারা আমাদের 10% এখনও বাতাসে উঠে আসে, আমরা একটি নিখুঁত অংশীদারের জন্য স্নেহ, আর্থিক ভারসাম্যে প্রচুর নগদ থাকা এবং গেমস গাড়ির মতো প্রকৃত আনন্দ। আরেকটি অর্ধেক পাথর অর্জিত এবং নিয়ন্ত্রণ আমাদের ক্ষমতা বাইরে সেট না. উদাহরণস্বরূপ, সিজোফ্রেনিয়া, বাইপোলার বিভ্রান্তি, অস্বস্তি বা দুর্ভাগ্যের জন্য উত্তরাধিকারসূত্রে প্রাপ্ত ডিএনএ সহ একজন ব্যক্তির জীবনে পরিপূর্ণতা এবং সন্তুষ্টির মুখোমুখি হওয়া কঠিন হতে পারে একজন আশাবাদী চরিত্র নিয়ে পৃথিবীতে আনার চেয়ে। ইতিবাচক থেরাপিস্টরা আমাদের সন্তুষ্টির "সেট পয়েন্ট" হিসাবে আনন্দের এই বংশগতভাবে পূর্বনির্ধারিত ডিগ্রিকে ইঙ্গিত করে। অতিরিক্ত 40% আনন্দ বেশ কিছুটা প্রভাবিত হয়। আমরা সিদ্ধান্ত নিতে পারি যে আমাদের আনন্দের অনুভূতি গড়ে তোলার জন্য আমরা কিছু অর্জন করব না বা কাজ করব না।

আমরা সন্তুষ্ট থাকার সিদ্ধান্ত নিতে পারি এমন অনেক উপায় রয়েছে। প্রধান পছন্দ আমাদের স্বভাব পরিবর্তন করা এবং আমাদের আনন্দের মাত্রা - আমাদের আনন্দ এবং পরিপূর্ণতা বৃদ্ধিতে কাজ করা উচিত। আমরা কেন বিচলিত হচ্ছি তা জিজ্ঞাসা করে জীবনের চারপাশে চিন্তাহীন হাঁটার পরিবর্তে এটি একটি জ্ঞানী সিদ্ধান্ত হওয়া উচিত।

আপনার স্বভাব পরিবর্তন করার জন্য আপনি সম্ভবত সবচেয়ে সহজবোধ্য অগ্রগতি নিতে পারেন তা হল আপনার যা আছে তাতে খুশি না হওয়া। দিনের শেষে, আপনার কাছে এখন পর্যন্ত যে উপহারগুলি রয়েছে তার জন্য কৃতজ্ঞ হোন, যেমন মহান সুস্থতা, এমন একটি কাজ যা আপনার বিলগুলিকে কভার করে এবং কেউ আপনাকে ভালবাসে। আপনি এখন পর্যন্ত যা করেছেন তাতে শূন্য করা একটি উপন্যাস, নতুন জিনিস, অনন্য এবং আরও আনন্দদায়ক হওয়ার আকাঙ্ক্ষাকে হ্রাস করে, যা প্রায়শই হতাশার উদ্রেক করে। ইতিবাচক থেরাপিস্টরা সুপারিশ করেন যে আপনি একটি থ্যাঙ্কসগিভিং ম্যাগাজিন সেট আপ করুন। প্রতি সপ্তাহে কয়েকবার, আপনি যা থাকার প্রশংসা করেন তা রেকর্ড করুন। ধারাবাহিকভাবে, আমি মনে রাখতে সাহায্য করেছি যে এটি সুস্থ থাকা খুবই লাভজনক।

আর একটি অগ্রগতি যা আপনি নিতে পারেন (একটি বৌদ্ধ অনুশীলন) হ'ল চতুরভাবে জীবনযাপন করা। অস্পষ্ট ভবিষ্যৎ নিয়ে আপনার মানসিকতাকে শূন্য করার পরিবর্তে, হয়তো চাপ দেওয়া বা বিপর্যয়ের আশা করা বা আগের থেকে হতাশ স্মৃতিতে শূন্য করার পরিবর্তে, আপনি এই মুহূর্তে মনোনিবেশ করবেন। পণ্ডিত সেনেকা বলেছেন, "অকৃত্রিম আনন্দ হল বর্তমান অংশ গ্রহণ করা।"

সূক্ষ্মভাবে বেঁচে থাকা কঠিন। আপনার মস্তিষ্ক প্রস্তুত করতে হবে। আপনার মানসিকতা প্রস্তুত করার সবচেয়ে কার্যকর উপায় হল যত্নের চিন্তাভাবনার অনুশীলন করা। আপনি একইভাবে আপনার অনুষদগুলিকে সুর করতে পারেন - দৃষ্টি, গন্ধ, স্বাদ, যোগাযোগ, শ্রবণ এবং অনুভূতি। উদাহরণস্বরূপ, ধরে নিচ্ছি যে আপনি নিচে নেমে যান এবং সাউন্ড সিস্টেম চালু করেন এবং সহায়ক সঙ্গীতে মনোযোগ দেন, আপনি গভীরভাবে জীবনযাপন করছেন। যেভাবেই হোক না কেন, অনুমান করে আপনি নিচে নেমে যাবেন, সাউন্ড সিস্টেম চালু করুন এবং কাগজটি পড়া শুরু করুন, আপনি তা নন। এইভাবে, আপনি আরও বুদ্ধিমান হয়ে উঠতে পারেন তা হল প্রতিটি উদ্যোগকে পালাক্রমে করা। ধরে নিচ্ছি যে আপনি একটি নির্দিষ্ট কিছুর চেয়ে বেশি কিছু অর্জন করেছেন, আপনি নিজেকে সরিয়ে দিচ্ছেন। এটা যত্নশীল না. সতর্ক থাকার জন্য, আপনি এই মুহূর্তে যা ঘটছে তাতে মনোনিবেশ করতে চান।

কারো কারো জন্য, আনন্দ ও সন্তুষ্টির মুখোমুখি হয়ে সন্তুষ্ট থাকার আকাঙ্ক্ষাই জীবনের পেছনের তাৎপর্য ও প্রেরণা। আনন্দ এবং পূর্ণতা অনুভব করার আকাঙ্ক্ষা একইভাবে অসংখ্যকে পদক্ষেপ নিতে প্ররোচিত করে। সিগমুন্ড ফ্রয়েড, মস্তিষ্ক বিজ্ঞানের একজন প্রধান ব্যক্তিত্ব, দাবি করেছিলেন যে আমরা আনন্দের মুখোমুখি হতে চাই, যা এইভাবে আমাদের অনুপ্রাণিত করে।

সহজ আনন্দদায়ক সাধনা দ্বারা লোড আপ একটি উদার জীবন প্রয়োজন সঙ্গে সমস্যা যে সন্তুষ্টি ক্ষণস্থায়ী হয়. আমরা কিছু সময়ের জন্য সন্তুষ্টি অনুভব করি এবং এটি অদৃশ্য হয়ে যায়, তাই আমাদের ক্রমাগত নতুন নতুন মুখোমুখি হওয়া উচিত যা আমাদের জীবনকে আনন্দে পূর্ণ করে। সাধারনত বিস্ময়কর এনকাউন্টার কম করার সুবিধা আছে - আমাদের যত বেশি মনোমুগ্ধকর অভিজ্ঞতা আছে, ক্লান্ত হওয়া তত সহজ, আমরা কম চাই। পরমানন্দ একইভাবে বাষ্পময় - এটি অদৃশ্য হয়ে যায়। এইভাবে, আমরা

ক্রমাগত নতুন মজার এনকাউন্টারের জন্য নজর রাখছি।

আনন্দের সাথে অন্য সম্ভাব্য সমস্যাটি হ'ল এটি নিয়ন্ত্রণের পরিবর্তে পেট বন্ধ করতে পারে। উদাহরণস্বরূপ, কর্মক্ষেত্রে একটি দীর্ঘ, বিরক্তিকর দিন পরে, একজন ব্যক্তি ছয় বা সাতটি লেগারের পাত্রে স্টার্ট করতে পারে এবং মিশ্রণের কয়েকটি জগ থেকে চার্জ পেতে শুরু করতে পারে। যৌন আনন্দ এবং যৌনতার শিখরের মুখোমুখি হওয়ার প্রেক্ষিতে, একজন পুরুষকে অনেক আনন্দদায়ক মহিলার কাছ থেকে যৌন আনন্দের মুখোমুখি হতে হবে যা একজন নিখুঁত অংশীদারের সাথে যৌন আনন্দ এবং পরিপূর্ণতার জন্য তার আকাঙ্ক্ষা ভাগ করে নেওয়ার চেয়ে বুদ্ধিমান হবে, সম্ভবত তার ভাল অর্ধেকের সাথে। একজন ব্যক্তির খাবারের স্বাদ এবং এটি যে সান্ত্বনা দেয় তা প্রয়োজন হতে পারে। কিছুটা সংযমের সাথে খাওয়ার পরিবর্তে, ব্যক্তি নিজেকে খায় এবং পরবর্তীতে একটি করোনারি ব্যর্থতা অনুভব করে, যা তাকে অক্ষমতার অস্তিত্ব নিয়ে চলতে বাধ্য করে। এই লাইনগুলি বরাবর, শুধুমাত্র মনোরম এনকাউন্টারের প্রয়োজন একটি দীর্ঘ সময়ের আনন্দ দিতে অবহেলা করবে।

আমরা "স্ট্রীম" নামক একটি দৃষ্টিভঙ্গি তৈরি করে এমন ব্যায়াম বা এনকাউন্টারে অংশ নিয়ে একটি প্রতিশ্রুতিবদ্ধ জীবন পেতে পারি। আমরা এই মুহূর্তে অনিশ্চিত নই, ভিতরে শূন্য, ভবিষ্যত নিয়ে যন্ত্রণা বা অতীতের দ্বারা বিরক্ত। আমরা জানি আমরা বর্তমানের সাথে কীভাবে আচরণ করছি। আমরা যখন ইনফ্লোতে থাকি তখন সময় থেমে যায়। আমরা ক্ষতিপূরণমূলক কাজ/পেশা এবং খেলাধুলার অনুশীলনের মাধ্যমে এই দৃষ্টিভঙ্গিটি অনুভব করি, হতে পারে অনুসন্ধানমূলক লেখা বাজানো বা একটি যন্ত্র বাজানো বা রাস্তার ছবি তোলা।

একা থাকার পরিবর্তে, আমরা সাহচর্য বিকাশের মাধ্যমে প্রতিশ্রুতির অস্তিত্বের সন্ধান করি। আমরা এটি বিভিন্ন কারণে করি, হয়তো কেউ জীবনের আনন্দে অংশ নেওয়ার জন্য, কেউ সামাজিকভাবে সাহায্য করার জন্য, কেউ দুর্দান্ত আলোচনার প্রশংসা করার জন্য, কিছু হাসিখুশি ভাগাভাগি করার জন্য ....

আমাদেরও ভালোবাসা দরকার। ভালবাসা একটি মৌলিক মানুষের প্রয়োজন, উদাহরণস্বরূপ, খাদ্য-নিরাপদ ঘর এবং নিরাপত্তা। মানবজাতির বৃহত্তর অংশকে আদর করা এবং মূল্যবান করা দরকার। স্নেহের সুবিধার সম্মুখীন হওয়ার জন্য, একজন ব্যক্তিকে জীবনের সাথে ব্যস্ত থাকতে হবে,

একা বসবাস না করে। এছাড়াও, প্রেম কদাচিৎ উন্নতি লাভ করে এবং কষ্ট পায় যখন আমরা আমাদের স্নেহের বস্তুটি বিকাশ করি না। অন্য কারো দ্বারা লালিত হওয়ার জন্য, আমাদের সাম্প্রতিক স্মৃতি, পরিশ্রম এবং বিবেচনার মধ্যে দেওয়া উচিত। আমরা আরাধনার ভাষা অনুশীলন করতে চাই, মানসম্পন্ন শক্তি বিনিয়োগ করতে চাই, স্নেহের অভিব্যক্তি দিতে চাই এবং প্রকৃত স্পর্শ দিতে চাই। নিজেকে এবং একে অপরের জন্য প্রদান করা উচিত. একে অপরকে ছাড়া আরাধনা বাষ্পীভূত হয় এবং বালতিতে লাথি দেয়। সেই লক্ষ্যে, বেশিরভাগ সম্পর্ক প্রতিদিনের কষ্টকে বোমা দেয়।

নিশ্চিত মস্তিষ্ক বিজ্ঞানের গবেষণা দ্বারা নির্দেশিত হিসাবে, আমরা গুরুত্ব এবং যুক্তি সহ একটি অস্তিত্ব তৈরি করে আমাদের আনন্দের ডিগ্রি নিয়ে কাজ করতে পারি। তাৎপর্য প্রায়শই একটি নির্দিষ্ট প্রত্যয় গ্রহণ করে অনুসরণ করা হয়। একজন ব্যক্তি পবিত্র পাঠ্য বোঝে, উচ্চ ক্ষমতার কাছে যায়, কঠোর প্রত্যয়ের সমাবেশকে স্বীকার করে, দৃষ্টি প্রতিবন্ধীদের আত্মবিশ্বাসের শত্রুতা গ্রহণ করে কারণ এটি তাদের গভীর ক্ষুধাকে প্রসারিত করে, মৃত্যুর প্রতি ভয়ের অনুভূতি হ্রাস করে এবং জীবনের অবিশ্বাস্য গোপনীয়তা সম্পর্কিত অনুসন্ধানের উত্তর দেয়। . কোন ঐশ্বরিক সত্তা আছে? আমি বালতি লাথি পরে নিশ্চিত জন্য ঘটে?

এছাড়াও আমরা উদ্দেশ্যগুলিকে সংজ্ঞায়িত করে গুরুত্ব এবং যুক্তি তৈরি করি এবং সেগুলি অর্জনে দূরে সরে যাই, সম্ভবত একটি কলেজ ডিগ্রি অর্জন করি, একটি উপন্যাস রচনা করি, একটি দীর্ঘ-দূরত্বের দৌড়ে দৌড়ে, পেশাদার অগ্রগতি করি। মিশেল ডি মন্টেইগনে, "মানুষের সেরা এবং সবচেয়ে বড় শো-স্টপার হল যুক্তির সাথে বেঁচে থাকা।"

এই লাইনগুলি ধরে, আমাদের দৃষ্টিভঙ্গি সামঞ্জস্য করে এবং আমাদের এখন যা আছে তাতে খুশি হওয়া বেছে নিয়ে, আমরা জীবনের প্রতি আমাদের পরিপূর্ণতার অনুভূতিকে প্রসারিত করতে পারি, যা আমাদের আনন্দের অনুভূতিকে উন্নত করে। ফলস্বরূপ, আমাদের সৌভাগ্যকে স্মরণ করা উচিত। অতিরিক্তভাবে, একজনকে এখনই বুদ্ধিমানভাবে জীবনযাপন করার ক্ষেত্রে মানসিকতায় কীভাবে শূন্য করা যায় তা খুঁজে বের করা উচিত। আমরা সুখ, স্রোত, প্রেম, সাহচর্য, তাৎপর্য এবং যুক্তি দিয়ে আমাদের অভিজ্ঞতাগুলিকে পূর্ণ করে আমাদের দৈনন্দিন রুটিন পরিপূর্ণতার ডিগ্রিতে কাজ করতে পারি।

8

হতাশা

দুর্ভাগ্য হতাশা উদ্রেক করে। তদুপরি, দুঃখ মানসিক যন্ত্রণা এবং স্থায়ী, বেদনা, হতাশা, মানসিক যন্ত্রণা হিসাবে উপস্থিত হয়। সবচেয়ে উল্লেখযোগ্য ধরনের দুর্ভাগ্য হল বন্ধু বা পরিবারের সদস্যের মৃত্যু। বিভিন্ন ধরণের যন্ত্রণার একটি অংশ যা বিষণ্নতার কারণ হতে পারে তা হল পৃথক, কর্মসংস্থানে ছেদ, একটি পোষা প্রাণীর মৃত্যু, সাহচর্যের সমাপ্তি, বা আর্থিক নিরাপত্তার ক্ষতি।

দুর্ভাগ্য প্রায়শই একজনের আত্ম-প্রশংসা এবং জীবনধারাকে পরিবর্তন করে। উদাহরণস্বরূপ, যখন একজন ব্যক্তিকে শেষ করা হয়, তখন প্রশ্নবিদ্ধ ব্যক্তিটি তাদের ব্যক্তিত্ব হারায় (অক্ষরটি কাজের সাথে সংযুক্ত, স্থিতি, সম্পর্কযুক্ত সংযোগ এবং সময়সূচী) হারিয়ে ফেলে। যন্ত্রণা সাধারণ - প্রত্যেকে তাদের জীবনে অন্তত একটি দুঃখের পর্বের মুখোমুখি হয়। সুতরাং, যন্ত্রণা মানুষের অবস্থার একটি প্রকাশ।

দুর্দশা অতিরিক্ত ব্যক্তিগত। ব্যক্তি হারানোর জন্য স্বতন্ত্রভাবে সাড়া দেয়। কিছু ব্যক্তি রাগান্বিত হয়, অযৌক্তিকভাবে তাদের বিরক্তি প্রকাশ করে এবং সম্ভবত তাদের জীবনসঙ্গীর দিকে চিৎকার করে। কিছু ব্যক্তি অত্যধিক পরিমাণে অ্যালকোহল বা বেআইনি ওষুধ সেবন করে যন্ত্রণা এবং সহ্য করা থেকে বিরত থাকে। অন্যরা ব্যস্ততার জন্য তাদের জীবন উৎসর্গ করে। বিলাপ করার কিছু সুযোগে বিনিয়োগ করার পরিবর্তে, ব্যক্তি নিজেকে কাজে নিয়োজিত করে। যাইহোক, অন্যরা মন্ত্রমুগ্ধ যুক্তিতে আবিষ্ট থাকে, যা এক ধরনের অযৌক্তিক চিন্তা যেখানে একজন ব্যক্তি স্বীকার করে যে কিছু কিছু

অফ-বেস ব্যাখ্যার জন্য ঘটেছে।

ভ্রমণকারী প্রজাতি। ব্যক্তি বিরক্তি, বরখাস্ত, বিশৃঙ্খলার মতো অসংখ্য অনুভূতির সাথে যোগাযোগ করে। ব্যক্তির দুঃখ স্থির হয় না এবং ব্যক্তি তাদের জীবনের জন্য এটির অর্থ কী তা দেখতে অবহেলা করে।

মেমোরিয়ালিস্ট। ক্ষমতাচ্যুত ব্যক্তিরা তাদের সময় এবং শক্তি মেয়াদোত্তীর্ণের স্মৃতি রক্ষায় কেন্দ্রীভূত করে, উদাহরণস্বরূপ, তার অনুভূতির জন্য কারিগরি তৈরি করা, একটি ল্যান্ডমার্ক তৈরি করা, একটি সনেট রচনা করা এবং শ্লোক রচনা করা প্রায় কিছুই নয়।

নর্মালাইজার। বিলাপকারী ব্যক্তি পরিবার, সঙ্গী, উল্লেখযোগ্য অন্যান্য বা স্থানীয় এলাকার সাথে সামাজিক বন্ধন বজায় রাখা বা মজবুত করার মাধ্যমে প্রশ্নবিদ্ধ ব্যক্তি যা হারিয়েছে তা প্রতিস্থাপন করার চেষ্টা করে।

ভিন্নমত। বিলাপকারী ব্যক্তি অন্য লোকেদের সাহায্য করার জন্য তাদের অন্তর্দৃষ্টি ব্যবহার করে দুর্ভাগ্য থেকে গুরুত্ব ট্র্যাক করে, উদাহরণস্বরূপ, অন্য লোকেদের সাহায্য করার জন্য অন্য ব্যবসায়িক উপায়ে চিপ করা বা ট্র্যাক করা।

অনুসন্ধানকারী বিলাপকারী ব্যক্তি তার দুর্ভাগ্য বোঝার জন্য বাইরের দিকে তাকায়। ব্যক্তি প্রায়শই অস্তিত্বগত উত্তেজনার সম্মুখীন হয়। তাদের অনুসন্ধানের প্রতিক্রিয়া জানাতে, ব্যক্তি আত্মবিশ্বাস, যুক্তি এবং অন্য বিশ্বময়তার দিকে যায়।

দুর্দশা কারো জীবন ছেড়ে চলে যাওয়ার সময় নেই। কিছু ব্যক্তি কয়েক দিন বা সপ্তাহের জন্য বিলাপ করে; অন্যরা দীর্ঘ সময়ের জন্য দুর্ভাগ্য অনুভব করে। কারো কারো জন্য, দুঃখ দিনের আলোতে কুয়াশার মতো মিলিয়ে যায়। প্রতিটি ব্যক্তি যে ব্যথা অনুভব করছে তাকে তাদের নির্দিষ্ট পদ্ধতি হিসাবে দেখা উচিত। বিলাপকারী ব্যক্তি মৌলিক উত্সাহের জন্য সঙ্গীদের কাছে যায়। তারা তাদের দুঃখ এক আত্মবিশ্বাসী সহচরের সাথে ভাগ করে নেয় যিনি সান্ত্বনা এবং সান্ত্বনা প্রদান করেন। অন্যরা আত্মবিশ্বাসের দিকে ঝুঁকে পড়ে। বিলাপকারী ব্যক্তি দুর্ভাগ্য সম্পর্কে তাদের জিজ্ঞাসার জবাব দেয়, সান্ত্বনা ট্র্যাক করে এবং কীভাবে পবিত্র লেখাগুলি অধ্যয়ন করে, ধর্মগুরুর সাথে কথোপকথন করে এবং ঈশ্বরের কাছে আবেদন করে দুর্ভাগ্যকে স্বীকার করতে হয় তা বের করে।

যন্ত্রণার জীবন ছেড়ে যাওয়ার কোনো সময় নেই। কিছু ব্যক্তি কয়েক দিন বা সপ্তাহের জন্য বিলাপ করে; অন্যরা দীর্ঘ সময়ের জন্য দুর্ভাগ্য অনুভব

করে। কারো কারো জন্য, দুঃখ দিনের আলোতে কুয়াশার মতো মিলিয়ে যায়। প্রতিটি বিষন্নতার সম্মুখীন হওয়া উচিত তাদের নির্দিষ্ট পদ্ধতি হিসাবে গর্ত থেকে ফিরে আসা। বিলাপকারী ব্যক্তি প্রতিদিনের উত্সাহের জন্য সঙ্গীদের কাছে যায়। তারা তাদের বেদনা এক আত্মবিশ্বাসী সহচরের সাথে ভাগ করে নেয় যে সান্ত্বনা এবং সান্ত্বনা দেয়। অন্যরা আত্মবিশ্বাসের দিকে ঝুঁকে পড়ে। বিলাপকারী ব্যক্তি দুর্ভাগ্য সম্পর্কে তাদের জিজ্ঞাসার জবাব দেয়, সান্ত্বনা ট্র্যাক করে এবং কীভাবে পবিত্র গ্রন্থগুলি অধ্যয়ন করে, মন্ত্রীর সাথে কথোপকথন করে এবং ঈশ্বরের কাছে প্রার্থনা করে দুর্ভাগ্যকে স্বীকার করতে হয় তা বের করে।

কারুকাজ এছাড়াও দুর্দশা পরিচালনার জন্য একটি বিখ্যাত কৌশল পরিণত হয়েছে. অনেক ব্যক্তি এক ধরণের চিকিত্সা হিসাবে কারিগরীকে অবলম্বন করে। মনস্তাত্ত্বিক সুস্থতা বিশেষজ্ঞরা যুদ্ধের জন্য এবং দুর্দশা থেকে পুনরুদ্ধার করার জন্য একটি চিকিত্সা হিসাবে কারিগরী চিকিত্সা ব্যবহার করেন। কারিগর চিকিত্সা একটি ভাঙার আছে, উদাহরণস্বরূপ, কাদা সঙ্গে একটি দুর্দশা আবরণ তৈরি; আপনার অনুভূতি, বিবেচনা, স্মৃতি, বিষন্নতার মুখোমুখি আঁকা বা চিত্রিত করা; অথবা ধ্বংসপ্রাপ্তদের স্মৃতির একটি স্ক্র্যাপবুক তৈরি করা; ছবি সংগ্রহ এবং একটি ছবি সংগ্রহ করা.

অন্যরা তাদের কলম কাগজে রাখে এবং তাদের চিন্তাভাবনা, অনুভূতি, সাক্ষাৎ এবং কষ্টের ডায়েরিতে হারানো স্মৃতি রেকর্ড করে। রচনা একটি উপদেষ্টার সাথে আপনার উত্তেজনার সাথে সহানুভূতি দেখানোর মতোই উত্সাহী হতে পারে।

কিছু ব্যক্তি সাইকেল চালানো বা সাঁতার কাটার মতো ক্লান্তিকর কার্যকলাপে অংশ নেয়। প্রকৃত ব্যায়াম চাপ কমাতে পারে এবং ক্ষোভের অনুভূতি দূর করতে সহায়তা করতে পারে। অনেক আলিঙ্গন যোগ এবং মনন. এই অন্য জাগতিক অনুশীলনগুলি মানসিকতাকে শান্ত এবং চাপ থেকে পরিষ্কার করে।

বিশাল সংখ্যাগরিষ্ঠরা প্রায়শই কাজ করবে না এবং নিজেদেরকে দুর্ভাগ্য সহ্য করার অনুমতি না দিয়ে এটির উপর আলোকপাত করবে। এটি প্রায়শই এমন একজন ব্যক্তির ক্ষেত্রে প্রযোজ্য হয় যার একজন আবেশী কর্মী নেই, মজা এবং গুরুতর কার্যকলাপের মধ্যে ভারসাম্য।

অন্যদের জন্য, দুঃখ তাদের নিরুৎসাহিত বোধ করতে পারে। সমস্যা থেকে বাঁচতে, এই ব্যক্তিদের এন্টিডিপ্রেসেন্টস এবং/অথবা কথা বলার

চিকিত‍সা প্রয়োজন।

বিষণ্ণতা মানুষের অবস্থার জন্য গুরুত্বপূর্ণ। আমরা কখনই দুর্দশা থেকে রেহাই পেতে পারি না। দুঃখ আমাদের মূল্যবান জীবনের ছায়ায় লুকিয়ে আছে, যখন আমরা আর আশা করব না তখন আমাদের আক্রমণ করার জন্য দাঁড়িয়ে আছে। আমরা নিজেদেরকে দুর্ভাগ্যের জন্য যতই পরিমানে সেট করি না কেন, গুরুতর দুর্ভাগ্য দ্বারা সৃষ্ট উত্তেজনা এবং অভিজ্ঞতা থেকে নিজেকে পুনরুদ্ধার করার অনুমতি না দিয়ে আমরা দুঃখের আঘাত বা পরাজিত যন্ত্রণা থেকে নিজেদেরকে সম্পূর্ণরূপে রক্ষা করতে পারি না।

৯

সোজা

আমি অনেক ব্যক্তি স্বীকার করি যে একজন সাধারণ ব্যক্তি নিষ্পাপ, বিভ্রান্ত নয় বা প্রকৃতপক্ষে অক্ষম। আমি স্বীকার করি যে কিছু ব্যক্তির পক্ষে পরিবার এবং স্থানীয় এলাকার জন্য ভালবাসা, সম্মান এবং সুযোগের মতো একটি "মানবিক অবস্থা" গ্রহণ করা স্বাভাবিক। এছাড়াও তারা অগ্রগতি, সম্প্রীতি, তৃপ্তি এবং আনন্দ, - - এবং যন্ত্রণা ও ক্ষিপ্ততা থেকে মুক্তি পেতে চায়। যখনই জিজ্ঞাসা করা হয় যে স্বাভাবিক কী, বিশাল সংখ্যাগরিষ্ঠ একটি প্রতিক্রিয়া অফার করে যা স্বাভাবিকের মতো ব্যবসা, প্রথাগত অন্তর্দৃষ্টি এবং ভিড়ের মানসিকতা বজায় রাখে।

একটি সংস্কৃতি যা একজন ব্যক্তির জীবনকে সাধারণ এবং অসাধারণ করে তোলে তা বের করে। সমাজবিজ্ঞানীরা এটিকে "সামাজিক আপেক্ষিকতা" হিসাবে উল্লেখ করেছেন। এটি বৈধ এবং "সাধারণ বা লোভনীয়" জীবনযাত্রার ইঙ্গিত দেয় যেখানে একজন ব্যক্তি বাস করে। মূল্যায়ন এবং অনুমান যে একজন ব্যক্তির গুণাবলী, মানসিকতা, প্রত্যয়, আচার, নকশা, উদ্দেশ্য, স্বপ্ন, এবং আরও অনেক কিছু অন্যদের দ্বারা অনুভূত হওয়া উচিত যেখানে সেই ব্যক্তি জীবনযাপন করে। সংস্কৃতি একজন ব্যক্তিকে সামাজিকভাবে পরিবর্তিত গুণাবলী, বিশ্বাস, গৃহীত অনুশীলন, আইন এবং অনুরোধকে আলিঙ্গন করে। তাছাড়া ভালো-মন্দ, নৈতিক বা নির্লজ্জ, আকর্ষণীয় বা অযাচিত যুক্তি সংস্কৃতির সঙ্গে যুক্ত। উদাহরণ স্বরূপ, অধিকাংশ ইসলামিক দেশগুলিতে, মহিলাদের উপর নির্ভর করা হয় তাদের চেহারা এবং শরীর একটি চাদর দিয়ে ঢেকে রাখার জন্য। বোরখা না পরা

অন্যায় ও অসভ্য। তা সত্ত্বেও, পশ্চিমা সংখ্যাগরিষ্ঠ বিধি ব্যবস্থায়, "বোরখা" পরিধানকারী মহিলারা প্রায়শই দুর্ব্যবহারকারী, অনুগত, বিপরীতভাবে এবং বর্বর হিসাবে দেখা হয়।

পরিবার, স্কুল, ধর্ম, পুলিশ এবং আইনের সামগ্রিক সেট, বিস্তৃত যোগাযোগের মতো ভাগ করা বৈশিষ্ট্যগুলিকে বৈশিষ্ট্যযুক্ত করতে সহায়তা করে এমন অসংখ্য সমিতি রয়েছে। একটি পরিবারে, বাচ্চারা তাদের লোকদের কাছ থেকে লাভ করে যা সঠিক এবং কী ঘটছে, সাধারণ বা অবাঞ্ছিত। একটি সাধারণ পরিবারে, যখন একজন যুবক কিছু ভুল করে, প্রশ্নকারী ব্যক্তিকে প্রত্যাখ্যান করা হবে। শিক্ষাব্যবস্থা সুস্পষ্ট গুণাবলী, তথ্য এবং আচরণ গ্রহণ করতে অধ্যয়নরতদের মিশে যায়। অনুমান করা হয় যে একজন অধ্যয়নকারী স্কুল প্রাঙ্গনে আরও একটি বাচ্চাকে মারধর করে, সেই ব্যক্তিকে ঘন ঘন নিন্দা করা হবে বা মাথা দ্বারা তিরস্কার করা হবে। অনুমান করা হয় যে একজন অধ্যয়নকারী অভদ্র শব্দ ব্যবহার করে, যেমন শিক্ষাবিদকে "ফাক অফ" বলা, প্রশ্নে থাকা ব্যক্তিকে সাধারণত সাসপেনশন দিয়ে প্রত্যাখ্যান করা হয়। বিভিন্ন অধ্যয়নকারীরা গ্রুপের চেয়ে "অপ্রত্যাশিত উপায়ে" সবচেয়ে কঠিন অধ্যয়নকে দেখে। সমস্ত ধর্ম তাদের পাল নৈতিক কোড দেখায়, এবং এর অর্থ হল আপনি হত্যা করবেন না, অবিশ্বাস জমা দেবেন না, মিথ্যা বলবেন না বা গ্রহণ করবেন না। পুলিশ ক্ষমতা আইনের শাসন অনুমোদন করে। ধরে নিলাম একজন ব্যক্তি আইনকে উপেক্ষা করে, সেই ব্যক্তিকে ফৌজদারি অপরাধের জন্য অভিযুক্ত করা হবে। এই সুযোগে যে অন্যায়টি তাৎপর্যপূর্ণ, হয়ত অভিযুক্ত ব্যক্তি একটি হ্যান্ডগান দিয়ে অর্থ সঞ্চয় করে বলে ধরে নিয়ে, প্রাথমিক ঘটনা ঘটতে না পারে ততক্ষণ ব্যক্তিকে স্ল্যামারে আটকে রাখা হবে। আদালত সিদ্ধান্ত নেবে যে তারা "সঠিক" এবং "ভুল," "সাধারণ" বা "ব্যতিক্রমী" কিনা এবং অপরাধের দোষীদের দোষী সাব্যস্ত করবে।

আমি সুপারিশ করি যে আমাদের সামগ্রিকভাবে একটি মেঘলা দিক বা ছায়া আছে। এই লাইনগুলি বরাবর, আমরা কেউই "সাধারণ" নই। কাউকে গুরুতর ঝুঁকির মধ্যে রাখুন - এবং তাদের ভয়ঙ্কর আশংকা বা অবাঞ্ছিত প্রেরণা বেরিয়ে আসবে। উদাহরণস্বরূপ, মানসম্পন্ন পুরুষেরা বিবাদের মাঝে দানবীয় কাজ করে। কেউ কেউ দাবি করবে যে এটি হল "দুষ্টতার সাধারণতা" আমাদের সামগ্রিকভাবে। আমরা ঘৃণ্য প্রদর্শন জমা দেওয়ার সাথে সাথে এতে আগ্রহী না হওয়ার জন্য যুক্ত হতে পারি। আমাদের

অভিযোজিত মানসিকতা আমাদের মহান এবং ভয়ানক প্রত্যয় এবং সেইসাথে আমাদের কার্যকলাপকে গঠন করে। আমরা "প্রতিপক্ষকে ঘৃণা" করার জন্য বিস্তৃত যোগাযোগের মাধ্যমে যুক্ত। শুধু লড়াইয়ে অংশ নিন। যাই হোক, খুন সব সময় বৈধ।

কখনও ফিরে ভাবছি, আমি হিরোশিমায় এ-বোমা দিয়ে আমেরিকানরা কী করেছিল তা স্মরণ করি। দীর্ঘ পথ ধরে, আমি স্বীকার করি যে এই কাজটি বর্তমান মানুষের সবচেয়ে নির্মম প্রদর্শনগুলির মধ্যে একটি। একইভাবে, পশ্চিমা দেশগুলির অভিজ্ঞতার বইগুলির সেট পড়ুন এবং আপনি নির্দোষ ব্যক্তিদের হত্যার জন্য "বৈধতা" পড়েন। প্রত্যাখ্যান করার ইচ্ছাকে উপেক্ষা করা এবং প্ররোচিতভাবে হাল ছেড়ে দেওয়ার জন্য আরও একটি পদ্ধতি অনুসরণ করা একটি অস্বাভাবিক প্রদর্শন। পাবলিক কর্তৃপক্ষ এবং বিস্তৃত যোগাযোগ যেকোনো খরচে অবিচল ইতিবাচক শক্তি তৈরি করতে চায়। শত্রুর প্রতি অবজ্ঞা "নতুন মান"-এ পরিণত হয়। তবুও কি কোন সময়ে এটি কার্যকর হয়েছে? কোন সুযোগ নেই. যে কারণে দ্বিতীয় বিশ্বযুদ্ধ থেকে পরমাণু বোমা কখনো পতিত হয়নি। পুরুষদের ব্যতিক্রমী ব্যবস্থায় ফিরে আসা উচিত এবং শান্ত ব্যবস্থাগুলি ট্র্যাক করার জন্য আচরণ করা উচিত।

আমি স্বীকার করি যে আমাদের সামগ্রিকভাবে একটি পাবলিক চরিত্র এবং একটি ব্যক্তিগত চরিত্র রয়েছে। আমরা "পাবলিক লাইফ স্টেজে" জনসাধারণের চরিত্র দেখাই, কর্মক্ষেত্রে, পারিবারিক সামাজিক বিষয়ে, চ্যাপেলে, গাড়ি চালানো ইত্যাদি। আমাদের পাবলিক চরিত্রটি ব্যাপকভাবে "অবস্থার অবস্থা", গৃহীত অনুশীলন, সমাজের আইন। আমাদের নিজস্ব চরিত্র এমন ব্যক্তিদের কাছে উপস্থাপন করা হয় যাদের আমরা বিশ্বাস করি, যেমন সঙ্গী, পরিবার এবং প্রিয়তমা। এটি আমাদের "মেঘাবদ্ধ দিক" বা "ছায়া", কিছু বিরক্তিকর চরিত্রের বৈশিষ্ট্য যা বিরক্তিকর, সংগ্রাম, চাপ বা অসুবিধার সময় উন্মোচিত হয়, উদাহরণস্বরূপ, যখন একজন ব্যক্তি তার কর্মসংস্থান হারায় এবং ক্ষিপ্ত হয় বা তীব্রভাবে মদ্যপান শুরু করে। সুরাহা করতে হবে সমস্যা।

10

অস্তিত্ববাদের উদ্বেগ

অস্তিত্ববাদ একটি দর্শন যা স্বাধীন ইচ্ছা, পছন্দ এবং ব্যক্তিগত দায়িত্বের মাধ্যমে জীবন এবং নিজের অর্থ এবং উদ্দেশ্য আবিষ্কারের সাথে সম্পর্কিত। আমাদের নির্বাচন করার স্বাধীনতা আছে, তবুও সমাজের চাপিয়ে দেওয়া মূল্যবোধ এবং নৈতিকতা মনের মধ্যে দ্বন্দ্ব সৃষ্টি করে। সুতরাং, আমরা আকাশে উড়ন্ত গোলমালের মতো মুক্ত নই।

অস্তিত্ব সারাংশের পূর্বে। অন্য কথায়, প্রতিটি ব্যক্তি কাজ, অবসর, যৌনতা, প্রেম, পরিবার, বিশ্বাস, আধ্যাত্মিকতা, গর্ভপাত, মৃত্যুদণ্ডও, মৃত্যুদণ্ড, ইথানেশিয়া ইত্যাদি সম্পর্কে তার নিজস্ব মূল্যবোধ নির্ধারণ করে এবং প্রতিটি ব্যক্তি তার নিজস্ব নৈতিকতাকে সংজ্ঞায়িত করে, কোনটি সঠিক বা ভুল, কোনটি নৈতিক বা অনৈতিক, কোনটি ভাল এবং থারাপ আচরণ। এটা ঈশ্বরের কাছ থেকে একটি উপহার হিসাবে প্রদান করা হয়নি।

পরিবার, ধর্ম, গণমাধ্যম, আইন-শৃঙ্খলার দ্বারা নৈতিকতার একটি নির্দিষ্ট সংজ্ঞা গ্রহণ করার জন্য প্রতিটি ব্যক্তিকে সামাজিক করা হয়। প্রতিটি ব্যক্তি নিজের জন্য সিদ্ধান্ত নেয় কোনটি গ্রহণ করবে বা উপেক্ষা করবে। একজন মানুষ যখন জন্মগ্রহণ করেন, তখন তার কোনো আত্মা, পরিচয়, মূল্যবোধ থাকে না। তারা সমাজে বসবাস করে প্রাপ্ত হয়।

যখন আমরা মারা যাই, আমাদের দেহ পচে যায় এবং বাতাসে ধুলায় পরিণত হয়। আত্মা কি চিরকাল বেঁচে থাকে? "আত্মা" এর অনুভূতি কি বেঁচে থাকে? নাকি, আমরা কি আবার জন্মেছি? নাকি, অস্তিত্ব, শূন্যতা—কোন স্মৃতি, চেতনা, অনুভূতি, দৃষ্টি, গন্ধ, স্বাদ, স্পর্শ, শ্রবণ? এটা কি শুধু শূন্য?

জীবন আনন্দের ক্ষণস্থায়ী মুহূর্তগুলির সাথে জড়িত। জীবন মানে আনন্দ, যৌনতা, মদ, মাদক, অশ্লীলতা। জীবন একটি প্রবাহ। জীবন সাফল্য এবং অর্জন। জীবন বিপত্তি এবং বাধা পূর্ণ। জীবন একটি সংগ্রাম. জীবন সংক্ষিপ্ত. এর পরে যদি কিছু না থাকে, তবে তা মেনে চলা এবং অর্জন করার সংগ্রাম কি মূল্যবান?

11

এটা কি

আমরা প্রায়শই আমাদের নিজের জীবন এবং অন্যদের নিয়ন্ত্রণ করার চেষ্টা করার জন্য প্রচুর শক্তি অপচয় করি। আমরা অস্পষ্ট ভবিষ্যতের উপর জোর দিই। আমরা আমাদের নিজের জীবনে অনুরোধ করার চেষ্টা করি এবং আমাদের প্রত্যাশা অনুযায়ী অন্যদের কাজ করতে হবে। বিষয়টির সত্যতা হল যে আশ্চর্যজনক ঘটনাটি সাধারণত দৈনন্দিন জীবনে ঘটে থাকে। জীবনের সত্য হল আমাদের প্রত্যেকেরই নিজের পছন্দের উপর স্থির হওয়ার এবং আমাদের ইচ্ছামত চলার সুযোগ রয়েছে। অনেক মানুষ সাধারণত তাদের প্রয়োজন অনুযায়ী করার চেষ্টা করে - যদি তারা আচরণ, শৃঙ্খলা বা দুর্ঘটনাজনিত ফলাফলকে ভয় পায় তবে তা ছাড়া।

12

সম্প্রীতির মধ্যে বসবাস

অসংখ্য অপ্রত্যাশিত উপলক্ষ এবং ব্যক্তিগত সাক্ষাৎ আমাদের অভ্যন্তরীণ সম্প্রীতির অনুভূতিকে দুর্বল করে দেয়। উদাহরণস্বরূপ, একজন বন্ধু বা পরিবারের সদস্যের আকস্মিকভাবে চলে যাওয়া, অপ্রত্যাশিত কর্মসংস্থানের দুর্ভাগ্য, আর্থিক ওজনের উপর চাপ, একজন সঙ্গীর সাথে বিবাদ করা, সত্যিকারের অসুস্থ হওয়া, পাগলের মতো গাড়ি চালানো, আরও অদ্ভুতের সারমর্ম যা আপনাকে প্রবেশপথ খোলার অনুমতি দেয় - এই উপলক্ষগুলি একটি শান্ত মস্তিষ্ককে একটি শান্ত, শান্ত হ্রদে পরিবর্তন করতে পারে, সমুদ্রের মতো। যখনই আমরা বিরক্ত হই, তখনই আমাদের দৃষ্টিভঙ্গি শান্ত থাকে এবং শান্তর পরিবর্তে থাকে নার্ভাসনেস, ভয়, ক্ষোভ এবং এমনকি বিরক্তি।

অভ্যন্তরীণ সম্প্রীতির উন্নতি ভিতর থেকে আসে - অভ্যন্তরীণ সাদৃশ্যের দৃষ্টিকোণ - শান্তিপূর্ণতা এবং ভারসাম্য এবং সীমাবদ্ধতা। আমাদের প্রত্যেকেরই একটি পছন্দের উপর স্থির হওয়া উচিত যাতে একটি নীরব দৃষ্টিভঙ্গি তৈরি করা এবং রাখার চারপাশে সম্প্রীতি এবং পরবর্তীতে কেন্দ্রীভূত হয়।

বিশ্ব সম্প্রীতি ও নিরাপত্তা বা বিশ্বব্যাপী সংঘর্ষের জন্য নির্ভরযোগ্য বিপদ রয়েছে। বিশ্ব ইতিহাসের যে কোনো মোড়ে, কারো কারো জন্য, সাধারণ সংঘাত, মহাসড়কের লড়াই, মৌলিক স্বাধীনতা অস্বীকার, ধ্বংস, স্বৈরশাসক

রাষ্ট্রগুলি তাদের নিজস্ব বাসিন্দাদের হুমকি, পারমাণবিক সংঘাত এবং মানবজাতির বিনাশ, এবং দেরীতে, ধর্মান্ধতার ঝুঁকি নিয়ে অগ্রসর হওয়া। যারা ভোট ভিত্তিক ব্যবস্থা গ্রহণ করে, তাদের বাজার অর্থনীতি, সুযোগ এবং ইক্যুইটি প্রতিপক্ষে পরিণত হয়। এই বিপদ ও সংঘর্ষ মানবজাতির মানসিকতার সাথে ক্ষোভ, ঘৃণা, সন্দেহ, অস্বস্তি ও ভীতি সৃষ্টি করে। এই বিপদ এবং সংঘর্ষ একইভাবে সাধারণীকরণ, পক্ষপাত এবং কুসংস্কারকে প্ররোচিত করতে পারে।

মিলেমিশে থাকার অনেক সুবিধা রয়েছে। নিম্নলিখিত তিনটি: প্রথম, সম্প্রীতি হল একটি কার্যকলাপ যা আমরা আমাদের অন্য জগতের প্রকৃতিকে লালন করার জন্য ব্যবহার করি। দ্বিতীয়ত, একটি শান্ত জীবন আমাদের জীবনের পরিপূর্ণতা, সুখ এবং সমৃদ্ধিকে আরও বিকশিত করে। তৃতীয়ত, বিশ্বব্যাপী কারণকে সমর্থন করা এবং যুদ্ধের পরিবর্তে সম্প্রীতির অগ্রগামী অগ্রগামীরা বিশ্বকে পারমাণবিক বিলুপ্তির অবস্থার মধ্যে পড়া থেকে রক্ষা করবে।

সম্প্রীতিতে বাঁচতে আমাদের প্রত্যেকের উচিত একটি শান্ত মানসিক অবস্থা গড়ে তোলা, প্রতিশোধ নয়, এবং বিশ্ব সম্প্রীতিকে আলিঙ্গন করা উচিত, যুদ্ধ নয়। গান্ধী একবার বলেছিলেন, "Tit for Tat সমগ্র বিশ্বকে দৃষ্টি প্রতিবন্ধী করে তোলে।"

13

মেজাজ

হাস্যরস এমন কিছু যা হাসি, মজা বা হাসির উদ্রেক করে। আমরা সর্বত্র হাস্যরস খুঁজে পাই। মোটা পুরুষ এবং সরু মহিলা হাত প্রসারিত করে হাঁটছে। কেউ শূকরের মতন থামচে খাচ্ছে। আকৃতিহীন লোকেরা আপনাকে পর্নে যৌনতায় লিপ্ত হতে দেখছে। কমেডি ক্লাবে কেউ একজন অশ্লীল কৌতুক শুনছে। আমাদের বোকামি দেখে হাসছে। হাস্যরস সর্বত্র।

হাস্যরস সর্বোত্তম ওষুধ এবং জীবন উপভোগ করার সবচেয়ে সহজ উপায়। এটি জীবনের সহজতম আনন্দগুলির মধ্যে একটি। এটি একটি পছন্দসই ব্যক্তিত্বের বৈশিষ্ট্যও। বেশিরভাগ লোক আপনাকে বলবে যে তারা এমন লোকদের পছন্দ করে যারা মজাদার এবং সবসময় জীবনকে গুরুত্ব সহকারে নেয় না। যদিও সবার রসবোধ থাকে না। বেশির ভাগ মানুষই জানে না জীবন বা কিভাবে নিজেকে নিয়ে হাসতে হয়।

কি আমাদের হাসায়? এটা নির্ভর করে. হাস্যরস বিষয়গত। অন্য কথায়, যা একজন ব্যক্তিকে হাসায় তা ব্যক্তিগত রুচির উপর ভিত্তি করে, যা নৈতিকতা, নিয়ম, মূল্যবোধ, সংস্কৃতি, শিক্ষা, ধর্ম ইত্যাদি দ্বারা প্রভাবিত হয়। আমি ভেবেছিলাম এটা মজার, আপনি নাও হতে পারে. আর আপনার কাছে কেন হাস্যকর লেগেছে, আমি নাও হতে পারে।

আমি এমনকি শক হিউমার সম্পর্কে চিন্তা করি না। আপনি "কমেডি ক্লাব" এ এটি অনুভব করতে পারেন। এটি এমন এক ধরনের হাস্যরস যা স্ট্যান্ড-আপ কমিক পর্নোগ্রাফি, "গ্রস-আউট" জোকস, এক্স-রেটেড উপাখ্যান এবং অনেকে যাকে সীমা বলে মনে করে সে সম্পর্কে নিষিদ্ধ স্কেচ ব্যবহার

করে। অনেক বছর ধরে, বাবা আমাদের পরিবারে স্ট্যান্ড-আপ কমিক ছিলেন।

এমনকি ব্ল্যাক কমেডিও আমার মধ্যে সীমাবদ্ধ নয়। ধর্ম ও মৃত্যুর নিষিদ্ধ জিনিস এবং রাজনীতিবিদদের মতো গুরুতর বিষয়গুলিকে অনেকেই দেখেন আপনাকে হাসাতে বাধ্য। অন্যান্য জনপ্রিয় থিম হল যৌনতা, অসুস্থতা, বিষণ্নতা, যৌন কমহীনতা, যুদ্ধ, আসক্তি, রোগ।

হাস্যরসের অনেক উপকারিতা রয়েছে। হাসি আপনার স্বাস্থ্যের উন্নতি ঘটায়। এটি রক্তচাপ কমায়, রোগ প্রতিরোধ ক্ষমতা বাড়ায়, ব্যথা ও যন্ত্রণা কমায়, আমাদের শিথিল করে এবং মানসিক ও শারীরিক অসুস্থতার কারণ হতে পারে এমন চাপ কমায়। হাস্যরস প্রায়শই সেরা ওষুধ। যারা বিষণ্নতায় ভুগছেন তাদের জন্য আবার হাসতে শেখা হল বিকেলের ভূতের প্রতিষেধক।

স্ট্রেস হত্যা করে — তাই হাস্যরস বিকাশ এবং বজায় রাখা আপনাকে অসুস্থতা, বেকারত্ব, দুর্যোগ এবং মৃত্যুর মতো জীবনের প্রতিকূলতাগুলি মোকাবেলা করতে এবং মানিয়ে নিতে সহায়তা করতে পারে। বিল কসবি বলেছেন, "কৌতুকের মাধ্যমে আপনি জীবনের কিছু থারাপ আঘাতকে নরম করতে পারেন। এবং আপনি একবার হাসলে, আপনার অবস্থা যতই বেদনাদায়ক হোক না কেন, আপনি এটি থেকে বেঁচে থাকতে পারেন।

হাস্যরস আমাদের কৌতুকপূর্ণ করে তোলে এবং জীবনকে আনন্দময় করে তোলে। এটি আমাদের আরও আকস্মিক হতে, আমাদের প্রতিরক্ষা ছেড়ে দিতে, আমাদের বাধাগুলিকে ছেড়ে দিতে, আমাদের সত্যিকারের ব্যক্তি হতে সাহায্য করে। হাস্যরস সুখের একটি উপাদান। হাসি এন্ডোরফিন নিঃসরণ করে যা আমাদের ভালো বোধ করে। এটি একটি মাদকের মতো যা আমাদের জীবনে নিয়ে আসে।

কর্মক্ষেত্রে হাস্যরস সহকর্মীদের মনোবল বাড়ায় এবং কাজের উৎপাদনশীলতা উন্নত করে। হাস্যরস একটি সম্পর্কের মধ্যে দ্বন্দ্ব কমাতে পারে, এমনকি হাস্যরসের জন্য না হলে কঠিন, অসহনীয় সময়েও বন্ধন তৈরি করতে পারে। হাস্যরস বন্ধুত্বকে উৎসাহিত করতে পারে, অপরিচিতদের হাস্যরসের থেকে একটি সাধারণ মানসিক সংযোগ এবং বন্ধন খুঁজে পেতে দেয়।

হাস্যরস আমাদের নিজেদের ত্রুটি বা মূর্খতা দেখায়। এটি আমাদের দৃষ্টিভঙ্গি পরিবর্তন করতে এবং একটি ভিন্ন, মজার দৃষ্টিকোণ থেকে জিনিসগুলি দেখতে অনুপ্রাণিত করে।

হাস্যরস একটি আকর্ষণীয় ব্যক্তিত্বের বৈশিষ্ট্য। সোশ্যাল নেটওয়ার্কিং ওয়েবসাইট লাইক প্লেন্টি ফিশের প্রোফাইলটি দেখুন এবং আপনি দেখতে পাবেন যে বেশিরভাগ পুরুষ এবং মহিলা হাস্যরসের অনুভূতি সহ কাউকে খুঁজছেন। এটি শুধুমাত্র সেই ব্যক্তিকে নিরস্ত করতে পারে না যিনি আপনার সম্পর্কে যত্নশীল, তবে বন্ধুত্বপূর্ণভাবে যোগাযোগ করতে পারেন, চাপের পরিস্থিতি হ্রাস করে, মানুষকে অনুভব করে যে আপনি "সহজ"।

আমাদের প্রত্যেকেরই রসিকতা করার ক্ষমতা আছে। তবু অনেকেই হয়তো বার্ধক্যে, অসুখ-বিসুখে, মরণব্যাধিতে হাস্যরস ত্যাগ করেছেন। যে ব্যক্তির হাস্যরস নেই বা যে হাসে না তার চেয়ে খারাপ আর কিছু নেই। যারা হাসতে পছন্দ করেন না বা পছন্দ করেন না তাদের সাথে মোকাবিলা না করেই জীবন এত তীব্র হতে পারে।

14

হতাশাবাদ থেকে বিভাজন

আমাদের জীবনে ধারাবাহিকভাবে, আমরা দুর্ভাগ্যের দ্বারা অপ্রতিরোধ্য। কাগজটি ব্যবহার করে, আমরা নতুন মৃত্যু, কেন্দ্র পূর্বে সংঘাত এবং মনস্তাত্ত্বিক নিপীড়নের নগণ্য প্রদর্শনের বিষয়ে জানতে পারি। কর্মস্থলে যাওয়ার সময়, আমরা দেখি অসংযত ক্রোধের একজন লোক বা একজন বরখাস্ত চালক কোন চিহ্ন ছাড়াই আমাদের পথে দ্রুত প্রবেশ করছে।

আমরা লাইভ রেডিওতে হোস্টদের হত্যার কথা শুনি। আমরা রেডিওতে নিরুৎসাহজনক ঘন্টার জন্য সংবাদ শুনি - আর্থিক বিনিময় ক্র্যাশ, অন্য একটি উদাসীন কর্পোরেট বিশ্ব শ্রেণীর মধ্যবিত্ত অপরাধী বা কেউ একজন সরকারী কর্মকর্তার মতো কাজ করছে।

কর্মক্ষেত্রে, আমাদের প্রায়শই কম মজুরি, উচ্চ দায়িত্ব, আধিপত্য বিস্তারকারী ম্যানেজার এবং অসহায় মানসিকতার মতো হতাশ সহযোগীদের সামঞ্জস্যপূর্ণ গুঞ্জনগুলি পরিচালনা করতে হয়। প্রিয়জনরা তাদের জীবনের চাপ দ্বারা অপ্রতিরোধ্য বোধ করে - বিল কভার করা, অল্পবয়সিদের লালনপালন করা এবং সত্যিই বয়স্ক অভিভাবকদের উপর মনোযোগ দেওয়া।

এই নিন্দাবাদ আমাদের মানসিক সুস্থতার জন্য সত্যিই দুর্দান্ত নয়। এটা আমাদের অভ্যন্তরীণ শান্তির উপর আঘাত। এটি হতাশার ছবি এবং গানের সাথে মানসিকতাকে কলুষিত করে। এটা চাপ তৈরি করে এবং আমাদের

সমৃদ্ধিকে দুর্বল করে। আরও ভয়ানক, শত্রুতা উত্তেজনা এবং হতাশা তৈরি করে।

হতাশাবাদী ব্যক্তিদের থেকে আলাদা করা। কিছু ব্যক্তি ক্রমাগত সবকিছু সম্পর্কে হাহাকার বা ক্রমাগত অন্যদের তদন্ত. এই নিষ্ঠুরতা জীবনের প্রতি আমাদের অনুপ্রেরণামূলক দৃষ্টিভঙ্গি নষ্ট করে এবং আমাদের আত্মবিশ্বাসের ক্ষতি করে। তাদের সাথে যুদ্ধ করতে, আমরা তাদের সাথে কম শক্তি বিনিয়োগ করতে পারি বা তাদের কেটে ফেলতে পারি। আমি ইতিবাচক ব্যক্তি এবং ব্যক্তিদের সাথে মেলামেশা করার চারপাশে কেন্দ্রীভূত করি যা আসলে মজার এবং আদর্শবাদ নিয়ে এগিয়ে যাওয়ার পরিকল্পনা করে।

জীবনের মধ্যে নিস্তব্ধতা infusing. মিডিয়ার বিরাজমান বার্তা নেতিবাচক। এটি যুদ্ধ, মৃত্যু, দুর্ভাগ্য, অন্যায়, প্রাকৃতিক সমস্যা - মানবজাতি এবং বিশ্বের সমস্ত অংশের তদন্ত করে। অনেকেই স্বীকার করেন যে ওয়ার্ল্ডওয়াইড টাউন একটি বন্ধুত্বহীন এবং অপ্রতিরোধ্য স্থান এবং মিডিয়া আমাদের এই দৃষ্টিভঙ্গি গ্রহণ করতে মিশেছে। যখন খবরটি নিরুৎসাহিত করা হয়, তখন আমি চ্যানেলটিকে একটি সিটকমে রূপান্তরিত করি, রেডিও সম্প্রচারকে সঙ্গীতে রূপান্তরিত করি, হত্যা, যুদ্ধ এবং অবৈধ ভয় দেখানোর আগে নিবন্ধগুলি দেখি বা উল্লেখযোগ্য এবং ইতিবাচকগুলি পড়ি।

এটা ছেড়ে এবং চালিয়ে যাচ্ছে. বিটলস গেয়েছিল "এটা হতে দাও," তবুও বৌদ্ধরা আমাদেরকে এটি সমর্পণ করতে প্রশিক্ষণ দেয়। অনুমতি মানে একটি প্রতিকূল অনুষ্ঠানে বাধা না দিয়ে খেলাটিকে খেলার অনুমতি দেওয়া। বারবার আমরা মধ্যস্থতা করে বা বাড়াবাড়ি করে অতিরিক্ত ফাসাদ আনতে পারি। এটা পরিত্যাগ করা মানে আমাদের বিরক্তি বা অবজ্ঞা হারানো। আগে, যখন লোকেরা আমাকে বকাবকি করত, তদন্ত করত বা বিরক্ত করত, আমি প্রায়শই রাগান্বিত বা রাগান্বিত বোধ করতাম এবং তাদের প্রতি আমার শত্রুতা ধরে রাখতাম। বৌদ্ধ অন্তর্দৃষ্টি আমাকে চলে যাওয়ার প্রশিক্ষণ দিয়েছে। এটি কিছু বিনিয়োগের প্রয়োজন হবে, তবে এটি খুব ভালভাবে সম্পন্ন করা যেতে পারে। প্রতিফলন মস্তিষ্কে হতাশাবাদের নিষ্পত্তির জন্য একটি অসাধারণ পদ্ধতি। বর্তমান সেকেন্ডে জিরো করাটা অন্যরকম। আমরা অতীতকে পরিবর্তন করতে পারি না তবে আমরা এটি থেকে লাভ করতে পারি। তদুপরি, আমরা অতীতকে পরিত্যাগ না করার সুযোগে এটি নিয়মিত আমাদের দুর্বিষহ করে তোলে।

অসুবিধা প্রতিক্রিয়া অস্বীকার. ধর্ম, লিঙ্গ এবং আইনী বিষয়ের মত আলোচনার বিখ্যাত বিষয়। উদাহরণ স্বরূপ, একজন সঙ্গী একটি সামাজিক সমস্যায় সরকারী কর্তৃপক্ষের প্রতিক্রিয়া সম্পর্কে উপহাসমূলক মন্তব্য করতে পারে, এমন একটি মূল্যায়ন যার সাথে আমরা একমত নই। এই আলোচনায় অংশ নেওয়া প্রকৃত বিবাদ বা অন্যদের ছোট করতে পারে। দীর্ঘ মেয়াদে, আমি আমার অনুভূতি প্রকাশ করি, যা নিয়মিত একটি উচ্চ আলোচনায় ভর করে। আমি আমার দৃষ্টিভঙ্গি কিভাবে টিউন করতে এবং বজায় রাখতে পারি তা বের করেছি। আমি নিজেকে মনে করিয়ে দিচ্ছি: "যদি আপনি নীরব ইতিবাচক থাকতে পারেন, কিছুই বলবেন না।"

বিনোদন এবং উল্লেখযোগ্য কাজ বা বিনোদন ব্যায়ামের খাতিরে অংশগ্রহণ করুন। সম্ভবত দুর্দশা পরিচালনা করার সবচেয়ে আদর্শ উপায় হল আমাদের সময় এবং শক্তিকে আমরা যা প্রশংসা করি তার জন্য প্রতিশ্রুতিবদ্ধ করা। কারও কারও জন্য, একটি পেশা তাদের গুরুত্ব এবং প্রেরণা এবং পরিপূর্ণতা প্রদান করে, অন্যরা শিথিল অনুশীলনের প্রশংসা করে। আমি বুঝতে পেরেছিলাম যে রচনা এবং ফটোগ্রাফি আমাকে "ডিলাইট ডি ভিভরে" দেবে।

মানুষের অভিব্যক্তিতে অংশ নেওয়া। আমরা মজাদার সঙ্গীত, মজার কারিগর, নির্বোধ ফিল্ম, আশ্চর্যজনক ফটোগ্রাফি, শ্লোক রচনা, বিস্ময়কর সৃজনশীল মন, কল্পনার দ্বারা যেকোনো কিছুকে প্রতিরোধ করে নিন্দাবাদকে প্রতিরোধ করতে পারি। সর্বোত্তম শ্লোক, জার্নাল এবং ছোট স্বপ্ন মানুষের অবস্থা সম্পর্কে একটি প্রকাশের সাথে শেষ হয় - তারা অস্তিত্ব সম্পর্কে একটি দৃষ্টান্ত ভাগ করে। আমি নিয়মিত উল্লেখযোগ্য নিবন্ধ, ম্যাগাজিন এবং বই পড়ি, যাই হোক না কেন আমার আত্মাকে সমর্থন করে এবং আমার মনকে ভাল চিন্তাভাবনা, অনুভূতি এবং গল্প দিয়ে পূর্ণ করে। এছাড়াও আমি চলচ্চিত্রগুলিতে দুর্দান্ত চলচ্চিত্র নির্মাণের প্রশংসা করি। এই আগের গ্রীষ্মে একটি উদ্যমী, সর্বোত্তম ফিল্ম শৈশব, ছোট ছোট ছেলেমেয়েদের যৌবনে যাওয়ার একটি উপাখ্যান।

আমাদের সৌভাগ্যের কথা মনে পড়ছে। এই সহজবোধ্য ব্যায়াম আমাদের জীবনের ঊর্ধ্বমুখী দিকে শূন্য করতে সাহায্য করে। ধারাবাহিকভাবে, আমরা অনুসন্ধানের সমাধান করতে পারি: আমি কিসের জন্য কৃতজ্ঞ? কাজ, প্রেম, পরিবার, রিজার্ভ তহবিল স্বাভাবিক প্রতিক্রিয়া. বিশাল সংখ্যাগরিষ্ঠরা তাদের সুস্থতা না হারানো পর্যন্ত এটি বিবেচনা করে

না। যখনই, দুর্ঘটনা, অসুস্থতা, অসুস্থতা, বিপর্যয় আমাদের সম্পূর্ণভাবে পরিবর্তন করতে পারে। আমি জানি দু'জন ব্যক্তি যারা ক্ষতিকারক বৃদ্ধির সাথে ধ্বংসাত্মক তারা ধুলো কামড়াচ্ছে। যেহেতু পরবর্তীতে কোনো সুযোগ নাও থাকতে পারে, তাই করাটা এখন গুরুত্বপূর্ণ, তাই আমি সিদ্ধান্ত নিয়েছি যে বর্তমানকে শূন্য করার। ধরে নিলাম এটা নেতিবাচক, আমি এটা উপেক্ষা করব। শীঘ্রই বা পরে, আমি আমার মহান সুস্থতার জন্য নিজেকে ধন্যবাদ বলি। আমি আবিষ্কার করেছি যে আপনার সুস্থতা না থাকলে আপনার ব্যক্তিগত সন্তুষ্টি কম হবে।

১৫

বন্ধুত্ব

সঙ্গীরা কৃতিত্ব বা বিজয়ের প্রশংসা করে। যখনই আপনি সফল হবেন, একজন সঙ্গী আপনাকে সালাম দেবে।

তারা সাধারণ স্বার্থ বাণিজ্যের মাধ্যমে একে অপরের সাথে সংযোগ স্থাপন করে। উদাহরণস্বরূপ, ধরে নিচ্ছি যে আপনি নির্দিষ্ট কিছু কল করেছেন এবং যোগাযোগ করেছেন, স্মার্ট সঙ্গী ফেরত পাঠাবে। ইভেন্টে যে আপনি তাদের নৈশভোজে স্বাগত জানান, একজন স্মার্ট সঙ্গী একইভাবে আপনাকে রাতের খাবারে স্বাগত জানাবে। একটি শালীন আত্মীয়তা আপোস বা উল্লেখযোগ্য মূল্যের বাণিজ্য ছাড়াই অযৌক্তিক।

প্রকৃতপক্ষে, আপনার সমৃদ্ধির জন্য ক্ষতিকারক ব্যক্তির চেয়ে অন্য সবার থেকে আলাদা হওয়া এবং সঙ্গী ছাড়াই বুদ্ধিমান। একজন ক্ষতিগ্রস্ত সহচর আপনার জীবনকে হেয় করবে এবং আপনার আত্মাকে বিষাক্ত করবে। সম্ভবত একজন ক্ষতিগ্রস্ত সঙ্গী ক্রমাগত আপনাকে বিরক্ত করছে, কখনও আপনার বিজয়ের প্রশংসা করে না এবং বলার কিছু নেই। হতে পারে একটি ক্ষতিকারক সঙ্গী ক্রমাগত বকবক করছে, ধারাবাহিকভাবে ভাগ্যের বাইরে এবং একে অপরের প্রতি কখনই প্রতিক্রিয়া দেখায় না। হয়তো ক্ষতিগ্রস্ত সহচর উচ্চস্বরে বা সত্যিকারের নিপীড়ক ছিল বা ফেলোশিপে আগ্রহী ছিল না। সম্ভবত একজন ক্ষতিগ্রস্ত সহচর নির্ভরযোগ্যভাবে শক্তিশালী নয়, আপনাকে কীভাবে আপনার জীবন চালিয়ে যেতে হবে বা ইচ্ছা বা ঈর্ষা প্রকাশ করতে হবে তা আপনাকে জানাবে। হতে পারে ক্ষতিগ্রস্ত সঙ্গী আত্মকেন্দ্রিক এবং নারসিসিস্টিক, শোষক, ক্রমাগত তাদের নিজস্ব প্রয়োজনীয়তা এবং

চাওয়াকে শূন্য করে। সম্ভবত ক্ষতিকারক সঙ্গীর একটি ভয়ঙ্কর প্রভাব রয়েছে, মদ বা ওষুধের সাথে সমস্যা রয়েছে। সম্ভবত সঙ্গী অনুপযুক্ত বা দুর্নীতিগ্রস্ত।

মানুষ হল সামাজিক প্রাণী যাদের খাদ্য, আবরণ, বস্ত্র, জল, সেইসাথে স্নেহ এবং সামাজিক সংযোগ প্রয়োজন। কিছু সময় এই সামাজিক সহযোগিতা দুটি প্রিয়তমের মধ্যে হয়, উদাহরণস্বরূপ, বিউ এবং প্রণয়ী, অথবা সহচর বা যৌথ বৈধ সহযোগীদের মধ্যে। আত্মীয়তা একটি শালীন জীবনের একটি অমৃত যা অনেক সুবিধা প্রদান করে। এখানে কিছু আছে:

আত্মীয়তা আপনাকে কর্মসংস্থান কাটা, অসুস্থতা এবং একজন সহচরের মৃত্যুর মতো দুর্ভাগ্যের সাথে খাপ খাইয়ে নিতে সহায়তা করতে পারে। কঠিন পরিস্থিতিতে একজন প্রকৃত সঙ্গীকে কভার করুন। উদাহরণ স্বরূপ, আপনি যখন কোনো প্রেমিক বা প্রণয়ীর সাথে বিচ্ছেদ করেন, তখন আপনার সঙ্গীরা কাছাকাছি থাকবেন, সাহায্য ও সান্ত্বনা দেবেন। নিকটতম সঙ্গীরা আপনাকে সবচেয়ে ভয়ঙ্কর সময়ে সমর্থন করবে।

• মহান সাহচর্য একটি সামাজিক বন্ধন বা সমিতি করে তোলে যে কেউ তাদের অনুশীলন এবং এনকাউন্টার দেয়। আত্মীয়তার এই চুক্তি আপনার জীবনে গুরুত্ব ও যুক্তি তৈরি করে।

উপকারী সহভাগিতা আপনার জীবনে সুখ নিয়ে আসে। উদাহরণস্বরূপ, আপনি একটি বল গেমে একসাথে বসতে পারেন, একটি কৌতুক করতে পারেন বা আলোচনায় অংশ নিতে পারেন। একজন সঙ্গীর সাথে, আপনি ক্লু জেস ওয়ার্ল্ডওয়াইড চ্যাম্পিয়নশিপ জেতার মতো একটি সুখী সময়ের প্রশংসা করতে পারেন। নিয়মিতভাবে, আমাদের প্রিয় স্মৃতিগুলি হল সঙ্গীদের সাথে শক্তি বিনিয়োগ করা, হয়তো কায়াকিং করা এবং ক্যাম্প স্থাপন করা, ক্লাফসে আরোহণ করা বা স্কিইং ঢোকানো, বা কোনও উদ্বেগজনক লক্ষ্যে যাওয়া।

ফেলোশিপ আপনার জীবনে চাপ হ্রাস করে। যে মুহূর্তে আমরা অস্থির বা বিরক্ত থাকি, একজন পুরানো বন্ধু আমাদের দুর্দশার দিকে মনোযোগ দেয় এবং সান্ত্বনা এবং ধারাবাহিক আশ্বাস দেয়।

• মহান আত্মীয়তা আপনার আত্মবিশ্বাসকে সমর্থন করে এবং আপনার আত্মসম্মানকে প্রত্যয়িত করে। উদাহরণস্বরূপ, একজন সহচর বলতে পারেন, "আমি সত্যিই আপনার রসবোধ পছন্দ করি।" তারপর, সেই সময়ে নিজেকে বলুন, "আমার হাস্যরসের মেলা আছে।"

দুর্দান্ত ফেলোশিপগুলি আপনার প্রবণতা এবং এনকাউন্টার বাড়াতে পারে। উদাহরণস্বরূপ, একজন সঙ্গী আপনাকে নতুন খাবার, বই, অভিব্যক্তি, চলচ্চিত্র, সঙ্গীত, ভ্রমণ, নাচের সাথে পরিচিত করতে পারে।

যাদের ভালো ফেলোশিপের সংগঠন আছে তারা এমন ব্যক্তিদের চেয়ে বেশি দিন বাঁচতে পারে যারা নেই।

• একজন পুরানো বন্ধু একইভাবে আপনাকে একটি নতুন দৃষ্টিভঙ্গি দেবে। আপনি আপনার নিজের দৃষ্টিকোণ অনুযায়ী জীবন দেখেন এবং তারা নিয়মিত একটি বিকল্প মূল্যায়ন ভাগ করে নেয়।

ফেলোশিপ আমাদের আনন্দ এবং সমৃদ্ধি আপগ্রেড. তারা জীবনের গুরুত্ব এবং কারণ যোগ করে।

শেষ চিন্তা

অন্ধ হেলেন কেলার একবার বলেছিলেন, "আমি আলোতে একা না থেকে অস্পষ্টতায় একজন সঙ্গীর সাথে হাঁটতে পছন্দ করি।" সহযোগীতা ছাড়া, বিশাল সংখ্যাগরিষ্ঠ মানুষ দুঃখজনক, নিরুৎসাহিত এবং নিঃস্ব জীবনযাপন করে, বিচ্ছিন্ন এবং জনশূন্য, শুধুমাত্র নিজেদের এবং তাদের হতাশাকে শূন্য করে। মহান সাহচর্যের জন্য সাধারণ সামাজিক সংযোগ এবং ভাগ করা ভালবাসা প্রয়োজন। এটি অতিরিক্তভাবে সম্মান, সামাজিক সাহায্য, বিশ্বাস, সহানুভূতি এবং সহানুভূতির উপর নির্ভর করে। মহান ফেলোশিপ আনন্দ এবং আনন্দ দেয়. সবকিছু একা সম্পন্ন করার পরিবর্তে, আমরা স্বাভাবিক আগ্রহ এবং অনুশীলন ভাগ করতে পারি, সেইসাথে একজন সহযোগীর সাথে অস্তিত্বের মাধ্যমে ভ্রমণের প্রস্তাব দিতে পারি। মহান আত্মীয়তা অতিরিক্তভাবে আমাদের জীবনে তাৎপর্য এবং কারণ যোগ করে, উল্লেখযোগ্যভাবে আমাদের মানসিক সুস্থতা এবং সমৃদ্ধির উপর কাজ করে। প্রাচীন গ্রীক যুক্তিবাদী এপিকিউরাস বলেছিলেন: "আপেক্ষিক প্রচুর জিনিস যা একজনকে পরবর্তীতে প্রফুল্লভাবে বাঁচতে বুদ্ধি দেয়, সহভাগিতাই সর্বোত্তম।"

16

মৌলিক দৈনিক রুটিন অভিজ্ঞতা

ন্যায্যভাবে বেঁচে থাকার জন্য, আমাদের "ইচ্ছাকৃত সরলতা" গ্রহণ করার জন্য একটি সচেতন সিদ্ধান্তে স্থির হওয়া উচিত। সর্বোপরি, আমাদের জীবনকে কীভাবে সহজ করা যায় তা বেছে নেওয়ার সুযোগ রয়েছে। আমরা নির্দিষ্ট বিষয়গুলি বিবেচনা করতে চাই, উদাহরণস্বরূপ, মজাদার এবং গুরুতর ক্রিয়াকলাপের মধ্যে আরও ভারসাম্য তৈরি করা, একটি উচ্চতর জীবন গ্রহণ করা, সূক্ষ্মভাবে জীবনযাপন করা, অনুষ্ঠানে অংশ নেওয়া, মানসম্পন্ন শক্তি বিনিয়োগ করা এবং ফিরে ডায়াল করা। আমরা যা কিছু বেছে নিই, পছন্দগুলি আমাদের সমৃদ্ধি এবং সত্যিকারের প্রশান্তিকে আরও বিকশিত করবে।

কোন কারণে একটি মৌলিক জীবন সম্পর্কে চিন্তা করা আমাদের জন্য যুক্তিযুক্ত হবে? আমরা একটি শান্ত জীবন এবং অশান্তি, প্রয়োজনীয়তা এবং জটিলতা থেকে মুক্ত একটি দৈনন্দিন অস্তিত্ব নিয়ে চলতে থাকি। আমরা দেরি করেছিলাম এবং একটি অশান্ত জীবন, একটি অপ্রীতিকর জীবনযাত্রার সাথে চালিয়ে যাওয়া ছেড়ে দিয়েছিলাম। আমরা কীভাবে ব্যক্তিগত সময় এবং বিচ্ছিন্নতার সাথে শান্ত হতে পারি তা খুঁজে বের করি। আমরা উচ্ছ্বাস, স্রোত, গুরুত্ব এবং যুক্তির একটি শালীন অস্তিত্ব নিয়ে এগিয়ে চলেছি। জীবনের সবকিছুই ক্ষণস্থায়ী হোক না কেন এবং সবকিছুই পরিবর্তিত হোক না কেন, আমরা আমাদের সময়, শক্তি এবং আর্থিক সম্পদগুলি গুরুত্বপূর্ণ

বিষয়গুলিতে মনোনিবেশ করব এবং জরুরী পরিস্থিতিতে আটকে থাকব না। আমরা বিশৃঙ্খলতা মুছে ফেলি, যা আমাদের দৈনন্দিন জীবনের গুরুত্বপূর্ণ জিনিসগুলি থেকে দখল করে। আমরা আসলে আমাদের উপায়ের মধ্যে থাকতে চাই এবং বাধ্যবাধকতার ওজন থেকে দূরে থাকতে চাই। আমরা এই মুহূর্তে চতুরভাবে বাস করি এবং ভবিষ্যতের জন্য চাপ দিই না বা অতীতের জন্য বিলাপ করি না। আমরা একটি স্বাস্থ্যকর জীবনধারা নিয়ে চলতে থাকি সেখানে কাজ, প্রেম, পরিবার, বিনোদন ব্যায়াম, সুস্থতা এবং অন্য বিশ্বময়তার জন্য আদর্শ সুযোগ থাকবে। আমাদের সেই শর্ত, দায়িত্ব, বাধ্যবাধকতা এবং ব্যক্তিদের থেকে স্বাধীনতা রয়েছে যা আমাদেরকে একটি শালীন জীবন নিয়ে চলতে বাধা দেয়। আমাদের যা প্রয়োজন তা বেঁচে থাকার সুযোগ আছে - সত্যিকার অর্থেই।

কিভাবে আমরা আমাদের জীবনে উন্নতি করতে পারি? অনায়াসে আমরা সত্যিই মজা এবং গুরুতর কার্যকলাপের মধ্যে একটি ভারসাম্য করতে চাই. আমাদের কাজের জন্য শক্তি, পরিবারের জন্য সময়, প্রিয়তমার জন্য একটি আদর্শ সুযোগ, সঙ্গীদের জন্য সময়, বিনোদনের অনুশীলনের জন্য সময় এবং অন্য বিশ্বজগতের জন্য সময় বিনিয়োগ করা উচিত। নির্দিষ্ট মস্তিষ্কের গবেষণায় আমাদের দেখিয়েছে কীভাবে আমাদের সমৃদ্ধি আরও উন্নত করা যায়। আমাদের তিনটি উপায়ে যাওয়া উচিত: প্রথমত, আমাদের জীবনে কিছু আনন্দ থাকা উচিত , যেমন বেড়াতে যাওয়া, যৌন সম্পর্কে লিপ্ত হওয়া বা লোভনীয় মহিলার সাথে ডান্স ফ্লোরে আঘাত করা। "আঠালো ট্রেডমিল" পাওয়ার ক্ষেত্রে শূন্য। সুখ অস্থায়ী, তাই আমরা সত্যিই গুরুতরভাবে স্থায়ী সন্তুষ্টির সন্ধান করতে চাই।

একটি আনন্দদায়ক এবং ক্ষতিপূরণমূলক অবস্থানে কাজ করার মাধ্যমে, প্রবাহের অনুভূতি প্রদান করে এমন বিনোদন অনুশীলন উপভোগ করার মাধ্যমে, উল্লেখযোগ্য ফেলোশিপ তৈরি করে এবং প্রিয়তমার সাথে মানসম্পন্ন শক্তি বিনিয়োগ করার মাধ্যমে কীভাবে একটি "দৈনন্দিন জীবন জুড়ে ডু" চালিয়ে যেতে হয় তা আমাদের খুঁজে বের করা উচিত। যা আমাদের জন্য অপরিহার্য।

শেষ পর্যন্ত, মজা এবং গুরুতর ক্রিয়াকলাপের মধ্যে ভারসাম্য আমাদের জীবনে গুরুত্ব এবং যুক্তি যোগ করতে হবে। ইচ্ছাকৃতভাবে, আমরা আমাদের অন্য জাগতিকতা বিকাশ করে এবং ধর্ম গ্রহণ করে এটি করতে পারি। আমরা আমাদের নিজেদের প্রচলিত জীবনের অতীত গুরুত্ব ট্র্যাক করতে চাই। এটি

"নিজেকে" পরাজিত করার সাথে সংযুক্ত।

আমরা একাধিক কাজ সম্পাদন করে আত্মসমর্পণ করে আমাদের জীবনকে আরও সহজ করে তুলতে পারি। একাধিক কাজ সম্পাদন করা জটিল এবং আমাদের উপযোগিতাকে দুর্বল করে দেয়। একাধিক কাজ সম্পাদন করা আমাদের একাগ্রতা বাড়ায় এবং চাপ সৃষ্টি করে। পরবর্তী উদ্যোগ নেওয়ার আগে, আমরা প্রাথমিক দায়িত্ব পালনে শূন্য করতে পারি। বিবেচনা করা সমস্ত বিষয় , আমরা একে একে প্রতিটি কার্য সম্পাদন করার প্রবণতা তৈরি করা উচিত। আমরা পালাক্রমে প্রতিটি কাজ শেষ করে আমাদের উপযোগিতা নিয়ে কাজ করি। উদাহরণস্বরূপ, টিভি এবং ফোনের দ্বারা দখল না করে একটি শান্ত জায়গায় একটি বই পড়ুন। পালাক্রমে প্রতিটি কাজ গুটিয়ে, আপনি আপনার জীবনকে কম বিভ্রান্ত করে তোলেন, এই কারণে যে আপনি আপনার সময় এবং বিবেচনাকে শুধুমাত্র একটি অ্যাসাইনমেন্টে মনোনিবেশ করতে চান, কয়েকটি বা চারটি নয়। বিভিন্ন কাজ সম্পাদন করা ছয়টি স্বতন্ত্র ব্যক্তির সাথে সাদৃশ্যপূর্ণ যা আপনাকে অবিলম্বে ব্যবস্থা করে।

সেল ফোন, ট্যাবলেট এবং ওয়েব সহ উন্নত কনট্রাপশনগুলিকে মুক্ত করে আমরা আমাদের জীবনকে আরও সহজ করে তুলতে পারি। উন্নত উদ্ভাবনগুলি ব্যবহার করা জটিল এবং আপনি মনোনিবেশ করার আশা করেন, যা নিয়মিতভাবে বিমুখ হচ্ছে। গাড়ি চালানোর সময়, সেল ফোনে বার্তা দেবেন না। আপনি রাস্তায় হাঁটতে হাঁটতে, আপনার সেল ফোনে কথা বলা বা মেসেজ না করে আপনার অনুষদের সাথে বিশ্বকে লক্ষ্য করুন। আপনি যখনই বাড়িতে থাকবেন, সুবিধাজনক মিউজিক প্লেয়ার থেকে দূরে থাকুন। টিভির সামনে বসে থাকা অবস্থায় ট্যাবলেটের সুইচ অফ করে দিন। আপনি যখন একজন সঙ্গীর সাথে কথোপকথন করেন, তখন আপনার সেল ফোন বেজে উঠলে তা পাবেন না। সন্ধ্যায়, কাজ শেষে, সেল ফোন বন্ধ করুন এবং শান্ত করুন। সারাদিনের বিপরীতে, প্রতিদিনের মডিউল, কিছু ব্যক্তিগত শক্তি অবাধে এবং বিচক্ষণতার সাথে বিনিয়োগ করুন।

ডায়াল ব্যাক করে আমরা ঠিক বাঁচতে পারি। এটি বোঝায় যে আমরা শান্ত হওয়ার সুযোগ তৈরি করতে চাই। আমরা প্রতিদিন এক ঘন্টা একা কাটাতে পারি। আমরা অনুধাবন করতে পারি, গান শুনে দাঁড়াতে পারি, গুঞ্জন করতে পারি। আমরা পাওয়ার ওয়াকের পরিকল্পনা করা বা ধারাবাহিকভাবে যোগব্যায়াম করার মতো একটি সহজবোধ্য কাজ শুরু

করতে পারি। আমরা এমন ব্যবসা পর্যবেক্ষণ করতে পারি যা সপ্তাহান্তের বাইরের দিন এবং সপ্তাহের শেষে বর্ধিত সময়কাল কাজ করার আশা করে না। আমরা অলস বসে থেকে শক্তি বিনিয়োগ করতে পারি - এবং কেবল চিন্তা করা বা স্মরণ করা। ক্রমাগত এটি সম্পন্ন করার পরিবর্তে, আমরা কেবল "রয়ে যাওয়ার" সিদ্ধান্ত নিতে পারি।

তথ্যের দুটি গুরুত্বপূর্ণ উপাদান রয়েছে যা আমার জীবনযাপনের চিন্তাভাবনার জন্য গুরুত্বপূর্ণ। প্রথমটি হল কিছুটা সংযমের সাথে বসবাস করা। সব মিলিয়ে আমি সীমাবদ্ধতা থেকে দূরে থাকি। তুমি আমাকে পাহাড়ে উঠতে বা প্লেন থেকে নামতে দেখবে না। তুমি আমাকে একা হ্রদে সাঁতার কাটতে বা আমার জীবন বাঁচানোর জন্য বাজি ধরতে দেখবে না। আমি বুঝতে পেরেছিলাম যে আমি প্রচুর পরিমাণে পান করেছি বলে আমার মাথাব্যথা হবে। ধরে নিই যে আমি ধূমপান করি, আমি ফুসফুসে সেলুলার ব্রেকডাউন বা এমফিসেমার জন্য বিপদে আছি। ধরে নিচ্ছি যে আমি আমার প্লেটকে নিম্নমানের পুষ্টি দিয়ে পূরণ করেছি এবং এতে অভ্যস্ত হয়েছি, আমি অতিরিক্ত ওজনের এবং চিকিৎসা সংক্রান্ত সমস্যার ঝুঁকিতে আছি। ধরে নিচ্ছি যে আমি এক্সপ্রেসওয়েতে গতি চালাই, একজন পুলিশকে থামানোর এবং আমাকে দ্রুত টিকিট বৃদ্ধি করার সম্ভাবনা। আমি বুঝতে পেরেছিলাম যে আপত্তিজনক ভ্রমণ করা আমার জরুরি বিপদকে প্রসারিত করবে। জরুরী জীবনকে আটকে রাখে। ইমার্জেন্সি নিয়মিতভাবে অসুবিধা সৃষ্টি করে।

কেউ আমাদের জীবনে উন্নতি করতে বাধা দেবে না। বেঁচে থাকা মূলত একটি ব্যক্তিগত সিদ্ধান্ত। বিশাল সংখ্যাগরিষ্ঠরা দেখেন যে তাদের জীবন এতটা বিপর্যস্ত নয় বরং তাদের জীবন তত্ত্বের একটি উপাদান হিসাবে আরও আশ্চর্যজনক হয়ে উঠেছে। অনেকে একইভাবে লক্ষ্য করেন যে জীবন কম গোলমাল হয়ে যায়। কম বাধা, কম বাধ্যবাধকতা, কম ওজন, কম দায়িত্ব রয়েছে - তারা আমাদের সময়কে টেনে নিয়ে যায়, আমাদের শক্তিকে নিঃশেষ করে দেয়, আমাদের বিবেচনাকে তাৎপর্য এবং কারণ থেকে পুনর্নির্দেশ করে, একটি প্রফুল্ল জীবন নিয়ে চলার জন্য ঠিক কী গুরুত্বপূর্ণ। আমি আবিষ্কার করেছি যে প্রশংসনীয়ভাবে বেঁচে থাকা আরও সমৃদ্ধি, আনন্দ এবং জীবন পরিপূর্ণতা বিকাশ করে।